Les folles

AVENTURES

de la famille

SAINT-ARTHUR

ATTENTION AUX ENGELURES !

Illustration de couverture : Ariane Delrieu

mame

Direction : Guillaume Arnaud
Direction éditoriale : Sarah Malherbe, Sophie Cluzel
Édition : Claire Renaud, assistée d'Anne Castaing
Direction artistique : Élisabeth Hebert, Brice Boucher
Fabrication : Thierry Dubus, Marie Dubourg
Mise en pages : Text'Oh !

Site : www.mameeditions.com
ISBN : 978-2-7289-2125-6
Code MDS : 531 496

Les folles AVENTURES de la famille SAINT-ARTHUR

ATTENTION AUX ENGELURES !

Paul Beaupère

Illustrations : Ariane Delrieu

mame

CHAPITRE 1

Deux skis, un escalier, un exploit

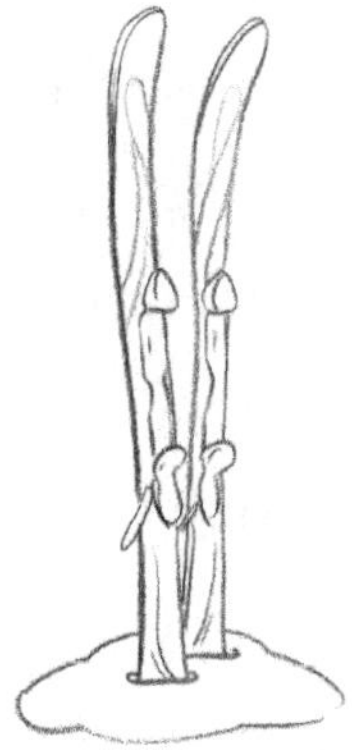

Où l'on voit que si les sports d'extérieur sont faits pour être pratiqués dehors, ce n'est peut-être pas par hasard ! Où l'on comprend que la ligne courbe peut être le plus court chemin d'une bêtise à un ennui !

– Viens voir ce que j'ai trouvé au grenier !

Quand je rejoins Alex, il tient d'une main une paire de skis et de l'autre, deux lanières au bout desquelles pendent deux grosses chaussures en plastique rouge. On dirait un cosmonaute dont il ne resterait que les pieds.

– C'est quoi ça ?

– Ben, des skis, patate ! Que veux-tu que ce soit !

J'aime bien Alexandre, c'est mon frère, mais, de temps en temps, il m'énerve ! Il m'énerve ! J'ai bien vu que c'étaient des skis. Je ne suis quand même pas aussi bête qu'il le croie et sans doute beaucoup moins qu'il l'espère !

– Mais tu comptes en faire quoi ?

Les garçons ont des défauts... Si si, je vous le jure ! En tout cas, mon frère a des défauts ! Il ne range rien, il sait toujours tout, il est toujours plus fort que les autres, il se défile toujours pour vider le lave-vaisselle, il n'est jamais là pour sortir la poubelle ou aller faire une course, mais il est toujours le premier aux distributions de bonbons, le premier assis devant la télé, à la meilleure place avec la télécommande, le premier assis dans la voiture... Il est énervant, et même très énervant !

Mais il y a une chose pour laquelle il est très fort, un domaine dans lequel il n'est jamais en retard, une matière où il faut bien le reconnaître, il pourrait participer aux championnats du monde... C'est le roi des idées bizarres, l'empereur de la trouvaille improbable, le génie de l'expérience inédite !

– Je vais descendre les escaliers à ski ! Je crois quc c'est du jamais vu ! Je suis le Christophe Colomb de la discipline !

Regarde-moi bien ma vieille, profite de ce moment, grâce à moi, tu vis une minute historique !

Tout en me parlant, Alex glisse ses pieds dans les énormes chaussures rouges.

– Nickel, c'est pile ma taille !

En fait, il aurait pu sans effort mettre les deux pieds dans la même chaussure. Alex place ensuite les deux skis bien parallèles en haut des marches. Tant bien que mal, il réussit à fixer les chaussures sur les skis. Il se tient maintenant face à la pente. Il fixe sur son nez ses lunettes de piscine et se penche en avant, il est prêt. Comme il n'a pas trouvé de bâton, il a sous le bras droit un balai-brosse et sous le gauche, un balai de paille.

– Tu comptes jusqu'à trois, me dit-il.

– 1… 2…

Avant que je ne dise trois et qu'Alex s'élance vers la gloire et le bas des escaliers, il faut quand même que je précise deux ou trois petites choses. Premièrement, Alex n'a jamais fait de ski ! Deuxièmement, les escaliers de la maison sont assez larges pour laisser passer deux personnes ensemble, mais je ne crois pas qu'ils aient été prévus pour des skieurs ! Troisièmement, au milieu de l'escalier, il y a un tournant ! Quatrièmement, les parents ne sont pas là ! Cinquièmement, je me demande si je ne ferais pas mieux d'aller voir ailleurs si j'y suis.

Alex s'élance ! Au début, ça se passe plutôt bien ! Il descend les trois premières marches comme un vrai champion olympique. À partir de la quatrième marche, les choses se détraquent. Sans doute pour retrouver son équilibre, Alex lève le bras droit, le balai brosse se coince entre les barreaux de la rampe d'escalier, et, pour se rattraper, après avoir lâché ce maudit balai, Alex doit battre de l'aile gauche, secouant le balai de paille, qui décroche du même coup un peu de poussière sur le mur et deux ou trois cadres qui y sont accrochés ! Le départ a été donné il y a moins de trois secondes, mais déjà cette course est en train de battre plusieurs records à la fois.

Arrive le moment où Alex doit négocier le virage à mi-pente… La vitesse qu'il a prise est maintenant comparable à celle d'un avion qui décolle, Alex ne glisse plus, il vole. Derrière lui, les cadres se sont effondrés dans un bruit de tonnerre et de verre brisé, devant lui, se dresse un mur qui n'est pas en neige et n'a rien de moelleux !

Dans un sublime effort des cuisses, Alexandre fait pivoter ses skis et les remet dans l'axe de la piste, il a maintenant fait le plus dur ! Il ne lui reste plus qu'à parcourir la dernière ligne droite et à réussir à s'arrêter dans l'entrée, pour ne pas percuter la porte. Reprenant confiance, le champion baisse la tête, serre les coudes et file vers une victoire que plus personne ne peut lui voler ! Sa vitesse est maintenant celle d'une fusée qui file vers la lune !

Alors la porte de l'entrée s'ouvre, laissant apparaître maman, Aude sur un bras, Basile sur l'autre et Charlotte qui avance juste devant eux ! À partir de là, les choses se compliquent singulièrement.

Stop ! Arrêt sur image ! Plus personne ne bouge.

Afin que chacun comprenne bien tout ce qui se passe, et pour ceux qui auraient raté les épisodes précédents, je vais faire de rapides présentations.

Moi, je suis Brune, c'est ma couleur de cheveux et aussi mon prénom, j'ai 11 ans, je suis en sixième et c'est moi qui vous raconte cette histoire.

Sur les skis suspendus en l'air, la bouche grande ouverte et les yeux fermés, c'est Alexandre ou Alex, mon frère, il a neuf ans et il est en CM1.

Dans l'encadrement de la porte d'entrée qui vient de s'ouvrir, il y a maman, Juliette, elle a les yeux grand ouverts et pousse un cri terrible à la vue du skieur fou qui lui arrive dessus.

Dans ses bras, elle tient Basile et Aude les jumeaux. Ils viennent juste d'avoir un an et pleurent depuis une heure, depuis que grand-père, qui est médecin, leur a fait un vaccin.

Avec eux, il y a Charlotte, qui a sept ans et est en CE1, qui baisse la tête et part en courant, pour ne pas être dans la ligne de mire de son frère.

Attention... Je remets en route !

Maman a juste le temps de se pousser sur le côté, pour laisser passer Alex qui, après avoir traversé l'entrée de la maison, jaillit dehors ! Charlotte profite du passage d'Alex pour le prévenir :

– Au prochain tour, c'est moi qui prends les skis !

Entre notre maison et la rue, il y a un petit bout de jardin qui permet de garer la voiture. C'est juste là, pile dans le pare-brise de la voiture dont maman vient de sortir, qu'Alex, emporté par son élan, vient planter ses skis. Les skis entrent dans la voiture par l'avant et ressortent par l'arrière de la voiture, emportant avec eux les deux vitres ! De son côté,

Alex reste sur le toit, stoppé net et arrêté par ses chaussures trop grandes, mais heureusement très solides.

Les choses auraient pu en rester là, mais quand une paire de skis prend son envol, bien malin celui qui peut dire où elle va choisir de se poser.

En face de chez nous vit madame Henriette. Une voisine qui n'a pas très bon caractère et avec qui les relations ne sont pas toujours très bonnes. C'est dans sa porte que les deux skis viennent achever leur course. Ils se plantent avec un grand « Tchac » comme deux flèches géantes.

– Ça va ? demande maman à Alex.

– Oui... Enfin je crois... Je n'ai rien de cassé...

– Tu es sûr ? Tout va bien ? Tu peux bouger tes pieds ? Tes bras ? Le reste ?

– Oui ! Ça va !

Encore un peu pâlichon, Alex, descendu du toit de la voiture, regarde maman avec l'air rassuré du marin qui voit le port !

– Alors puisque tout va si bien, monsieur le génie (la voix de maman n'a plus rien ni de gentil ni de maternel), tu vas filer chez madame Henriette chercher les skis, puis à ton retour, si tu es toujours vivant, tu vas revenir vite fait balayer les morceaux de verre dans la voiture, puis tu iras vider la machine, mettre le couvert, faire le dîner, couper du bois, laver du linge, chasser le bison, repeindre les volets, tondre la pelouse, passer l'aspirateur, faire les vitres et vite !

Voilà, c'est comme ça que le ski fait son entrée à la maison, ou plutôt sa sortie !

Ce soir-là, quand papa découvre les dégâts, il prive Alex d'argent de poche pour les trois années à venir !

– Mais papa, de l'argent de poche, on n'en a pas ! dit Alex, étonné.

– Ce n'est pas une raison suffisante pour ne pas en être privé, répond papa.

CHAPITRE 2

La montagne pour salle de classe

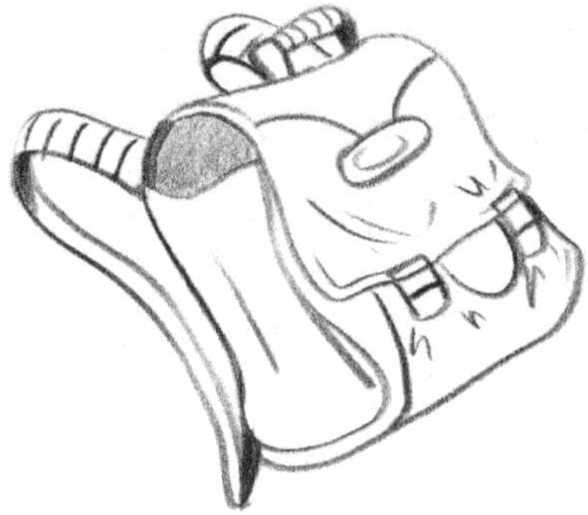

Où l'on comprend pourquoi Alex a sorti les skis, où l'on apprend que, si ceux qui skient sont ceux qui s'y sont préparés, skient aussi ceux qui ne savaient pas qu'ils y allaient et qui pourtant s'y étaient préparés !

– Qui a déjà été skier ?

La question, c'est madame Chauvin, ma prof d'histoire et prof principale, qui nous l'a posée dès le début de l'année. Elle nous a ensuite expliqué que le projet de l'année, c'était d'aller passer une semaine en classe de ski.

– Mais attention, pas que pour faire du sport et se croire en vacances ! Nous en profiterons aussi pour découvrir le milieu naturel local, comprendre comment vivent les gens, reconnaître les plantes et les animaux.

– Tu parles, m'a dit Grégoire, au ski, y a pas d'animaux, sauf des cochons qui sont transformés en saucissons et en jambons pour la raclette, et y a pas de plantes non plus, y a que d'la neige ! En tout cas, moi au ski, je suis le meilleur ! J'vais vous piler !

Pour les cochons je sais pas, mais ce qui est sûr, c'est que pour nous « piler », ça ne va pas être trop difficile pour lui, vu qu'il est le seul à avoir déjà skié !

Alors, depuis septembre, ça se prépare. Pour aider les parents, nous avons organisé des ventes de chocolats, de gâteaux, de croissants, des ventes de tout et de rien qui n'ont pas rapporté grand-chose.

Depuis septembre, en maths, nous faisons des exercices en comptant le nombre de skieurs qui peuvent remonter en une heure si l'on sait que : « Si un remonte-pente équipé de cent cinquante-trois fois quatre fauteuils parcourt la distance de trois mille dix mètres en sept minutes et trente-cinq secondes, que les fauteuils sont remplis aux trois quarts les neuf dixièmes du temps, combien de skieurs l'auront emprunté à la fin d'une journée qui commence à neuf heures, se termine à dix-sept heures trente et durant laquelle il y a dix-neuf fois deux minutes d'interruption ? »

– Vous avez un quart d'heure pour trouver la solution !

Le prof de maths, il s'appelle monsieur Bertrand, mais tout le monde l'appelle « Seize » ! Pourquoi seize ? Parce qu'il est très mince... On dit qu'il est « très étroit », 13 et 3, et que 13 et 3, ça fait 16 ! Monsieur 16, il déteste le ski, il nous le dit à chaque cours. Lui, ce qu'il voulait, c'était emmener la classe au bord de la mer ! Alors, comme il a perdu, que ce n'est pas son projet qui a été retenu, il se venge sur nous. Et, à chaque fois que nous ne comprenons pas quelque chose, il nous regarde avec un air tout triste et nous déclare :

– Cela aurait été tellement plus simple avec des pieuvres, des crabes et des calamars ! Vous auriez tout compris s'il avait fallu calculer le vol d'une mouette ! Mais vous avez voulu du ski ! Alors vous aurez du ski !

La professeur de SVT, c'est madame Tricot et elle, elle est à fond pour le ski ! Depuis le début de l'année, nous étudions les montagnes, la neige, les animaux, les sapins, tout ce que l'on risque de croiser une fois là-bas ! Nous sommes incollables sur le cri de la marmotte et l'hibernation de l'ours ! Elle fait partie des professeurs qui nous accompagnent, mais il paraît qu'elle n'a jamais fait de ski !

Avec elle, il y aussi le prof de sport, monsieur Couïc, c'est lui qui a imaginé le séjour. Dans la classe, certains disent qu'il est né avec des skis aux pieds, d'autres qu'il a été champion de ski quand il était jeune.

Le dernier des professeurs à venir est la prof de français, madame Latour. À l'école tout le monde lui donne des surnoms : double-mètre, le building, gratte-ciel, tête en l'air... Madame Latour est grande, très grande, trop grande sans doute. Quand elle rentre dans la classe, elle est obligée de baisser la tête, quand elle nous parle, elle se plie presque en deux, quand elle monte dans sa voiture, elle en ouvre le toit. De là-haut où elle vit, elle voit tout, impossible de lui échapper, elle est comme une tour de contrôle, c'est d'ailleurs un autre de ses surnoms. Mais surtout, elle est gentille, et dans la classe nous sommes tous inquiets de savoir s'il existe des skis assez grands pour elle !

Les profs nous ont expliqué plein de choses. Que le matin on va travailler, un petit peu, qu'on va aussi visiter, pas trop, qu'on va skier, beaucoup et que tout va bien se passer. Et puis il y a eu une réunion de parents, juste après les vacances de Noël.

Avec les parents, c'est moins drôle : les professeurs ont donné tous les détails embêtants, les horaires, les affaires qu'il faut emporter, celles qu'il ne faut pas emporter, les choses qu'il ne faudra pas oublier de faire, celles qu'il ne faudra surtout pas faire...

Ah oui, dernier détail, et non des moindres, je pars avec Alex : cette année, le collège a décidé d'organiser la classe de neige en même temps que certaines classes du primaire. Donc, j'aurai Alex tout le temps sur le dos. C'est vrai qu'il est bête, c'est vrai qu'il est bruyant, c'est vrai qu'il est collant, pénible, encombrant, embêtant, petit, bébé, idiot et moche aussi ! Mais c'est vrai aussi qu'il me fait rire, qu'il me défend toujours, qu'il a parfois de bonnes idées, qu'il connaît des tas de choses que j'ignore et qu'il fait super bien le chocolat chaud...

Voilà, maintenant c'est parti ! Dans six semaines, nous sommes au ski !

CHAPITRE 3

Dring, c'est le facteur

Où l'on reçoit un colis de Papy. Où l'on se dispute pour l'ouvrir, où l'on est très pressé de savoir ce qu'il contient, où l'on se demande si l'on n'a pas raté un épisode !

– Ouvre ! Ouvre !

À chaque fois, c'est la même chose ! Le facteur sonne et celui qui lui ouvre la porte est le premier à voir le paquet ! Un paquet de Papy, ça se reconnaît au premier coup d'œil ! À l'intérieur c'est toujours une surprise, mais à l'extérieur, c'est toujours incroyable ! Une fois, il avait recouvert le paquet avec des étiquettes de boîtes de conserve, une autre fois, c'étaient des papiers de bonbons qu'il avait collés un à un sur le papier du paquet !

Ce coup-ci, ce sont des glaces ! Papy a patiemment découpé toutes les images de glaces qu'il a pu trouver dans des catalogues, des prospectus, des publicités, et il en a recouvert son envoi.

– Ouvre !

Toute la famille a le regard fixé sur Charlotte qui tient le précieux paquet.

– Si je veux ! J'ouvre si je veux ! C'est à moi que le facteur l'a donné, c'est moi qui l'ai vu la première, c'est moi qui décide quand j'ouvre ! C'est la règle.

C'est peut-être la règle, mais c'est très énervant ! Papa fait semblant d'être indifférent, mais je vois bien qu'il bout, maman tente de respirer calmement, mais je vois bien qu'elle a le bord de la narine qui frémit d'impatience. Alex regarde Charlotte avec la tendresse d'un lion devant un steak de zèbre. De mon côté, je prépare mentalement une série de 853 tortures à faire subir à Charlotte, cela va de l'écoute intégrale des vieux disques de papa à l'obligation de finir son assiette à la cantine !

– Bon, ça va, ça va ! J'ouvre !

Alors, lentement, très lentement, Charlotte déchire le papier du paquet, en me regardant bien dans les yeux. Je déteste le bruit du papier que l'on déchire, je ne sais pas pourquoi, mais à chaque fois j'ai l'impression que mille moustiques viennent se réfugier dans mon oreille pendant qu'un chat plante toutes ses griffes dans le haut de mon dos et qu'un dentiste sadique s'attaque à toutes mes dents à la fois !

– Arrêttttteeeeeeee !

– Faut savoir ce que tu veux ! J'ouvre, ou j'ouvre pas ?

– Ouvre, mais pas comme ça !

– Charlotte, tu sais très bien que ta sœur déteste ce bruit alors s'il te plaît, ouvre ce paquet, vite et bien ! dit maman.

À l'intérieur du paquet, il a deux grandes aiguilles, trois pelotes de laine et juste un tout petit mot :

« Amusez-vous bien !
Signé Papy ! »

– Moi je n'aime pas ce paquet, dit Alex en quittant la pièce.

– Ce n'est même pas drôle, dit Charlotte en laissant tout sur la table, je vais jouer dans ma chambre !

– C'est quoi ? je demande à maman.

– C'est Papy ! dit papa en soupirant.

– C'est même tout lui, dit maman, c'est tout lui, mais on ne sait pas ce que ça veut dire !

CHAPITRE 4

Il paraît que le sport fait dormir...

Où l'on s'équipe, où l'on fait les magasins avec papa, où l'on se demande si le téléphone portable est un progrès pour l'humanité, où les jumeaux font des découvertes et où l'on se demande si le sport c'est vraiment bon pour la santé !

Aujourd'hui, avec papa, nous allons dans un magasin de sport. Pour papa, un magasin de sport, c'est un peu comme une boutique végétarienne pour un tigre. Il y est aussi à l'aise qu'une bouée canard dans le Sahara ou un pingouin à l'Opéra... Papa ne fait pas de sport, sauf en cas de nécessité extrême. Il peut alors courir sur une courte distance, deux ou trois mètres si la survie de son café l'impose. Il irait sans doute jusqu'à faire dix ou quinze mètres, mais il faudrait alors que cela soit pour sauver le monde.

Dans la famille chacun a pourtant ses sports préférés. Alex est un grand fan de rugby. J'adore le vélo, la trottinette et je suis loin d'être nulle sur des rollers. Charlotte rêve d'avoir un poney dans sa chambre et se voit en écuyère de cirque. Maman nage dans toutes les eaux, chaudes froides, fait du vélo comme une pro, court même avec des talons hauts, a déjà pratiqué le ski nautique, le ski tout court, rêve de parachutisme, sait barrer un voilier, piloterait volontiers une formule 1 et ne se ferait pas prier pour le faire aussi avec un avion. Pendant ce temps-là, papa garde les jumeaux en position horizontale à l'ombre d'un parasol.

Donc c'est comme un explorateur dans un pays inconnu, un cosmonaute sur une planète nouvelle, que papa pousse la porte du magasin de sport ! Objectif : trouver des combinaisons de ski et deux ou trois autres choses indispensables.

Avec papa dans un magasin, ça ne traîne pas ! S'il y a un truc que papa aime encore moins que le sport, c'est de faire les courses.

– Ouahhhhhh ! Moi je prends celle-là !

Alex vient de trouver une combi moitié « j'irais bien faire un tour sur la lune » moitié « la planète des singes » ! Moitié argent, moitié faux poils...

– C'est la classe ! dit-il en l'attrapant.

À la tête de papa, Alex comprend très vite que non, ce n'est pas la classe ! Il se met donc en chasse de quelque chose de plus « classique ».

– Tiens, celle-là est bien, dit papa en lui en montrant une bleue triste.

– Papa ! Je ne peux pas mettre ça ! J'ai ma fierté, et puis je connais tout le monde dans la classe ! Cette chose, ce truc, ce machin sans forme et sans couleur ne peut pas habiller un être aussi fantastique que moi ! Tu oublies, papa, que je suis un champion !

– Mais Alex, répond papa, tu n'as jamais fait de ski ! Comment peux-tu prétendre être un champion ?

– Je le sens, papa ! Je le sens ! Il y a, au plus profond de moi, une sorte d'appel de la neige ! Je sais que les pistes n'attendent que moi, que je vais faire corps avec les éléments et que...

Clic ! Papa vient d'interrompre Alex en le prenant en photo dans une combi orange et verte qui le fait ressembler à une grenouille coincée dans un cône de signalisation routière !

– On va envoyer ça à maman qui est au bureau et elle va nous donner son avis !

Pendant que les ondes mystérieuses envoient à maman la photo d'Alex, j'en profite pour faire mon marché. Une combinaison rose, mais attention, pas « que » rose ! Elle a aussi des bandes grises sur les bras et le long des jambes, une combi de champion !

Le téléphone de papa sonne, c'est maman.

– Ça me paraît très bien !

– Mais tu as vu la photo ? demande papa.

– Non, elle n'est pas arrivée, mais je suis sûre que tout est parfait ! N'oublie pas de prendre gants, bonnets, écharpes et casques. Il faut aussi des masques pour les yeux, des après-skis, de grosses chaussettes, et puis n'oublie pas le stick pour les lèvres et pense aussi à la crème solaire, et ajoute aussi des polaires, des sous-gants, des chaussettes fines, en plus des grosses. Et pendant que tu y es, prends des maillots pour la piscine, et une paire de baskets pour Alex, les siennes sont trop petites. Voilà, je crois que c'est tout ! Bon, je te laisse, amusez-vous bien !

Au fur et à mesure que la liste s'allonge, la mâchoire de papa semble se décrocher un peu plus. Encore deux ou trois ajouts et il aura la langue posée sur ses chaussures !

La demi-heure suivante suffit à peine pour rassembler les éléments demandés par maman. C'est chargés comme des pères Noël le 24 décembre au soir que nous arrivons à la caisse.

– Tu vas voir, me dit papa, avec les caisses, j'ai toujours énormément de chance. Je te parie un paquet de bonbons qu'au dernier moment, il va y avoir un problème à cette caisse !

Il est fort papa, il n'a pas de chance, mais il est fort ! La dame devant nous a perdu sa carte pour payer, elle retourne son sac, vide ses poches, elle va voir dans sa voiture, « j'en ai pour une seconde », et au final... elle part sans rien emporter ! Du coup, la caissière est super énervée, il faut tout remettre à sa place. Et puis arrive notre tour ! Dans un premier temps, le tapis roulant refuse de fonctionner, puis c'est le rouleau de papier de la caisse qu'il faut changer, « Tu vois, me dit papa, tu me dois un paquet de bonbons », puis, au dernier moment, quand tout est passé, fini, qu'il ne reste plus qu'à payer, le téléphone de papa sonne, c'est maman.

À partir de là, les choses prennent une autre tournure.

– Allo ! Vous n'êtes pas passés à la caisse au moins ?

– Heu, non, enfin, si, enfin, presque... C'est à quel sujet ? On a oublié quelque chose ?

– Je viens de recevoir la photo de la combi d'Alex ! C'est juste pas possible ! Ce n'est même pas moche, c'est pire !

– C'est vrai, répond papa, la carte bleue en l'air et l'air perplexe, c'est vrai que c'est assez, enfin ce n'est pas... Je ne trouve pas les mots, mais disons que...

– Vous payez ou pas ?

La caissière vient d'interrompre brutalement le dialogue des parents sur la mode et les goûts vestimentaires au sport d'hiver.

– Ne paye pas ! crie maman qui a tout entendu.

– Je peux payer plus tard et aller changer deux ou trois petites choses ? demande papa.

– ... (soupir) répond la caissière en mettant derrière elle toutes nos courses.

Retour à la case départ, ou plutôt retour au rayon combi !

– Moi, je ne veux pas changer, dit Alex.

– Mais chéri, maman a raison, elle est un peu trop... Enfin, elle est plutôt pas assez... Je veux dire que peut-être on pourrait trouver mieux, dit papa.

La discussion entre papa et Alex dure, dure, dure... Il a certainement fallu moins de temps à Christophe Colomb pour persuader le roi d'Espagne de lui prêter trois bateaux pour aller se promener en Inde (et finir en Amérique !). Du coup, chacun part de son côté explorer le magasin, même les jumeaux qui se sont extraits de leur poussette ! Papa et Alex finissent par tomber d'accord sur une nouvelle combinaison, du plus beau gris, sobre, élégante et qui devrait plaire à tout le monde.

– Je suis sûr que quand les pensionnaires des maisons de retraite vont skier, ils ont tous cette combi ! grommelle Alex, l'air particulièrement épanoui.

– Va chercher tes frère et sœurs, dit-il à Alex, au moment où j'arrive.

Trouver Charlotte c'est un jeu d'enfant, il suffit de chercher le rayon équitation, elle y est en pleine méditation devant une selle, une paire de bottes et deux ou trois brosses pour poney. Pour Aude et Basile, c'est un peu plus compliqué. Ils ont profité de leur liberté toute nouvelle et de leur petite taille pour se faufiler jusqu'au rayon

« diététique du sportif ». C'est assis devant des paquets ouverts de barres supervitaminées et hyper-protéinées que nous les retrouvons. Ils sont en train d'achever leur troisième bouteille d'une boisson qui, si on en croit l'étiquette, « doit vous donner la force du taureau, l'endurance du chameau, l'agressivité du tigre et la longévité de la tortue ». Les deux sportifs en herbe semblent avoir trouvé la chose à leur goût ! Pourtant quand on renifle au dessus de la bouteille, ça ne dit rien qui vaille.

Quand on a retrouve papa à la caisse, il finit de payer et tente d'attraper tous les sacs !

– Monsieur, dit la caissière très énervée, vous oubliez quelque chose !

—...

– Vous devez aussi payer tout ça !

Un vendeur vient de déposer sur le tapis tous les paquets de biscuits et bouteilles énergisantes commencés par Aude et Basile.

Le soir, je me couche avec des rêves de ski pleins la tête, des envies de neige, de glissades, de batailles de boules de neige, de bonshommes aux nez carotte ! Je me couche, mais je ne dors pas beaucoup... Dans leur chambre, les jumeaux ne ferment pas l'œil de la nuit ! Surexcités par les quantités de boissons énergisantes et autres barres survitaminées avalées dans le magasin, ils passent la nuit à sauter dans leurs lits, à hurler de rire et à se raconter des histoires dans une langue étrange, mais bruyante ! Impossible pour le reste de la maison de s'endormir. Charlotte finit par aller grignoter dans la cuisine, Alex, après s'être mis toutes les oreillers de la maison sur la tête, finit par se réfugier au grenier. Même Mozart tourne en rond dans sa cage. Il pousse des petits cris indignés, gratte sa paille, mordille les barreaux de sa cage. Dans toute la maison, le seul à bien dormir est Jonas, le poisson rouge, il est le seul cette nuit à ne pas faire de bruit.

Papa et maman se lèvent une fois, deux fois, trois fois, mille fois, mais rien à faire, ce n'est qu'au petit matin que, épuisé, tout le monde s'endort. Maman dans son lit, papa par terre entre les lits d'Aude et Basile.

Le lendemain, nous arrivons tous en retard à l'école ou au bureau, et sur mon carnet de liaison, papa a écrit :

« Ne s'est pas réveillée ce matin pour cause d'effets secondaires d'aliments non-appropriés ingérés dans la famille. »

CHAPITRE 5

Re-dring, c'est re-le-facteur !

Où l'on comprend un peu mieux la lettre précédente, où l'on croise le fer et emmêle la laine, où l'on apprend que Papy a croisé des cachalots et leur a fait des cache-cols.

Ce matin, quand nous étions à l'école, le facteur a déposé une lettre de Papy.

– Elle est jolie sa lettre en forme de baleine, dit Charlotte.

– Ce n'est pas une baleine, c'est un cachalot ! répond Alex qui est très pointilleux sur le règne animal.

– Ça ne change rien, moi je la trouve très jolie !

– Mais si, ça change tout ! Le cachalot lui, il a des dents, il a avalé Pinochio, il mange des calamars géants, alors que les baleines, elles mangent des crevettes et elles n'ont pas de dents ! T'y connais rien !

Le débat continue jusqu'à ce que la dernière assiette soit rangée dans le lave-vaisselle, la dernière dent lavée, le dernier pyjama enfilé, les jumeaux couchés. À l'intérieur une simple lettre, pas d'objet curieux, pas de jeux de piste, pas d'énigme étrange, juste une lettre et un petit dessin.

« Mes chers enfants,

J'espère que vous avez bien reçu mon courrier de la semaine dernière. Oui ? Alors, qu'en avez-vous pensé ? Je suis sûr que vous n'en avez rien fait du tout ! Je suis sûr que personne n'a essayé de tricoter un joli pull !

Durant ma longue carrière, j'ai beaucoup navigué dans des sous-marins. J'ai traversé ainsi tous les océans sans les voir. Imaginez un voyage en métro qui dure des mois ! Interdit d'aller faire un tour dehors, pas question de partir à la pêche, difficile de pratiquer l'équitation ! Je sais, Charlotte, que cette dernière information va t'attrister, mais je t'assure que les poneys ne seraient pas très heureux dans une de ces boîtes de conserve ! Alors, devinez à quoi s'occupent les sous-mariniers... Ils font des maquettes de bateaux ou ils tricotent ! C'est donc en tant qu'ancien champion du tricot que je vous ai envoyé des aiguilles, de la laine, et de quoi faire un bonnet et une écharpe pour les deux futurs champions qui doivent bientôt filer vers les sommets enneigés ! Allez, je vous laisse, j'ai un pull à terminer ! Une autre fois, j'en profiterai pour vous raconter comment j'ai tricoté la plus grande écharpe du monde. C'était pour l'offrir à un cachalot, mais il n'est jamais venu au rendez-vous... Je crois que l'écharpe doit encore traîner quelque part dans le grenier !

Je vous embrasse tous !
Papy

P.S. J'ai joint un schéma pour vous aider à tricoter l'écharpe... Je pense que le bonnet est trop compliqué ! Suivez bien les instructions et ce sera magnifique ! J'espère que vous aimez la couleur des pelotes de laine que je vous ai envoyées. »

– C'est vrai pour le cachalot ? demande Alex.

– Certainement, dit papa, avec ton Papy, tout est vrai ! C'est souvent un peu exagéré, parfois un peu arrangé à sa sauce, il y a quelquefois des épisodes qui sont « améliorés », mais c'est toujours vrai !

Ce que Papy avait plus ou moins deviné, c'est que le tricot n'avait tenté personne. Ce qu'il ne fallait pas qu'il sache c'est que, en revanche, les pelotes de laine avaient beaucoup intéressé Mozart qui s'y était fait un nid bien douillet. Il y passe maintenant le plus clair de son temps à rêver du paradis des cochons d'Inde, un endroit rempli de carottes biens mûres, de laitues bien fraîches, de feuilles d'endives croquantes et de sublimes pelotes de laine.

CHAPITRE 6

Des habits, deux valises, trois solutions...

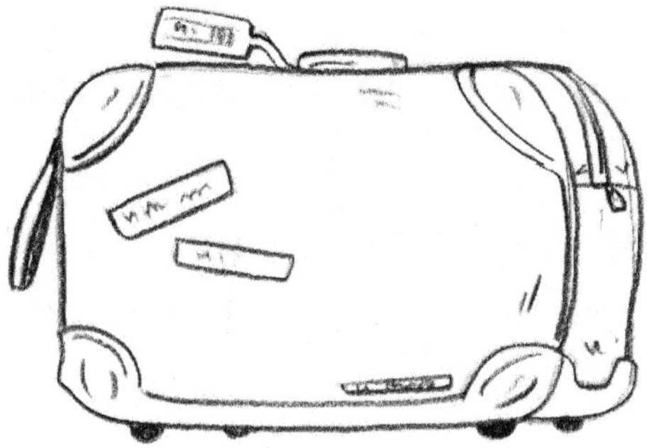

Où l'on fait ses valises, où l'on se demande si l'on doit tout emporter ou pas, où l'on comprend que la négociation est un art et la diplomatie une science.

Cet après-midi, avec maman, nous faisons les valises.

– Et ça je le prends ?

– C'est quoi ça ? me demande maman sans même se retourner, trop occupée à faire rentrer des choses trop grandes dans un sac trop petit. Ma valise pleine, archi pleine, posée devant elle est sur le point d'exploser, elle ressemble à un petit cochon qui aurait avalé le grand méchant loup.

– Mon pull rose, celui avec des étoiles dans le dos, je le prends ou pas ?

– Tu as déjà pris celui avec des rayures bleues, celui avec un ours blanc, le jaune, le rouge, un petit vert, un gros blanc à col roulé, tu as aussi trois polaires, deux vestes sans manches, un gilet, trois cardigans... Tu sais Brune, je crois qu'il va falloir faire des choix ! Tu ne peux pas tout emporter !

Tout en disant ça, maman ressort du sac quelques pulls, une dizaine de tee-shirts, quatre ou cinq pantalons et ma veste à capuche préférée !

Du fond de sa cage Mozart comprend qu'il se passe quelque chose. Au lieu de rester tranquillement à dormir dans sa cabane, il se dresse contre les barreaux et me regarde en poussant des petits cris : « Couic couic ». J'ai presque l'impression que lui aussi me donne des conseils ! Trop facile pour lui, rien à emporter, tous les jours les mêmes poils, pas de valise à faire ! Je trouve vos conseils bien mal venus, monsieur Mozart !

Maman s'absente deux minutes, elle part dans la chambre d'Alex.

– Mais maman ! Un pantalon, c'est bien. C'est suffisant !

– Mais non, il t'en faut un de rechange ! Si tu te salis !

– Si je me salis, personne ne le verra !

– Mais si ! Tes professeurs, tes camarades, tu ne pars quand même pas tout seul !

– Mais maman ! Il n'y a que toi qui vois les taches sur mes habits, tu sais, les autres, ils s'en fichent !

Aussitôt que maman tourne le dos, Alex ressort du sac tout ce qu'elle a ajouté.

– Le strict nécessaire ! Je ne garde que l'indispensable ! Je suis un aventurier moi, je ne pars pas en gala, mais affronter les sommets, tutoyer la gloire, le froid et la neige !

C'est là que j'ai une idée que je crois assez brillante et que j'entre dans la chambre d'Alex.

– T'as bien raison Alex, on emporte toujours trop de choses !

– Ah ! Toi aussi, tu es d'accord avec moi !

– Et puis, un homme, un dur, un vrai, un aventurier de l'extrême comme toi, ça ne peut quand même pas voyager avec toutes ces affaires !

– Ben voilà ! C'est ce que je me tue à dire à maman qui ne comprend rien, heureusement que toi, tu es là !

– En même temps, Alex, tu risques d'avoir des ennuis.

– Ah… Et pourquoi ?

– Soulève ton sac ! Il est bien trop léger ! Maman va se douter de quelque chose ! Elle va l'ouvrir et se rendre compte que tu as tout vidé !

– …

Et voilà ! Tout le travail est fait ! Ce gros nigaud-là, les bras ballants, la bouche ouverte, tel un poisson devant un ver, me regarde comme si je venais de lui sauver la vie. Il ne me reste plus qu'à porter le coup final, le coup de maître…

– Je crois que j'ai une solution pour que maman ne se doute de rien…

– Ah… Dis comment, comment… Dis-moi s'teuplait, s'teuplait… Je ferai tous tes tours de lave-vaisselle pendant deux semaines, je changerai la cage de Mozart pendant un mois, je dirai à tous mes copains que tu es un génie et la sœur la plus extraordinaire du monde… Dis-moi, dis moiiiiiiii !

– Moi je dis que, si tu es prêt à faire tout ça, c'est louche !

Charlotte, qui passe dans le couloir, vient d'entendre la dernière phrase et n'en croit pas ses oreilles !

– Je vais prévenir les parents que vous préparez un truc aussi grave que d'envahir le frigo un soir après le dîner, ou d'aller ouvrir les cages des oiseaux chez le marchand d'animaux !

– Toi, dit Alex en regardant Charlotte droit dans les yeux, si tu bouges, je te découpe en tranches fines, si tu ne bouges pas, je te donne deux paquets de chewing-gums que m'a donnés un copain ! Et maintenant, continue-t-il en me regardant, explique-moi tout !

Et voilà comment la moitié de mes affaires, celle que maman ne voulait pas que j'emporte, passe de mes placards à la valise d'Alex ! Et voilà comment je fais porter mes affaires par mon frère, sans parler des tours de lave-vaisselle !

Ce soir-là je me couche assez contente de moi. Maman vient m'embrasser, elle regarde ma valise toute plate et me dit :

– Tu vois, tu as été capable de faire des choix, de ne pas tout emporter ! Tu grandis ma fille, c'est bien.

Le lendemain matin, le réveil sonne très très tôt ! Il est six heures quand je descends dans la cuisine. Papa est là lui aussi. Il grogne plus qu'il ne parle et il suffirait de lui coller trois poils sur le nez pour qu'il ressemble définitivement à un ours qui vient d'être réveillé au beau milieu de l'hiver. Heureusement, le café lui sert de potion magique. Une fois la première tasse bue, il reprend une apparence humaine. Son œil redevient frais, sa truffe luisante laisse la place à un nez normal et même si le poil reste en bataille, la bête s'efface et fait apparaître un papa juste un peu grognon !

Alex débarque à son tour, il voudrait bien qu'on le prenne pour un ours lui aussi, mais c'est tout juste une marmotte. Une marmotte qui, à défaut de café, tente de se réveiller à grands coups de céréales et de lait froid. Maman passe une tête encore toute ébouriffée, juste avant que nous quittions la maison, direction l'école où nous attendent les cars qui embarquent tout le monde.

Devant les cars, c'est l'excitation ! Les classes se forment, les professeurs comptent et recomptent les élèves. 1, 2, 3... 28 ! Tout le monde est là, on peut y aller. Les valises sont dans les coffres, les élèves dans les cars, les parents debout sur le trottoir, et c'est parti !

Nous sommes tous le nez collé aux vitres à agiter nos mains pour dire au revoir à nos parents qui, dans le froid, nous regardent nous éloigner en faisant des petits gestes de la main. Il y a quelques mouchoirs qui sortent, mais c'est plus à cause de la température qui fait couler les nez que de l'émotion qui fait couler les yeux.

– J'ai apporté ma console !

C'est Oscar qui la sort le premier. C'est le signal, chacun ouvre le sac qu'il a gardé avec lui dans le car. En plus de quelques bonbons, de paquets de gâteaux, de jeux de cartes, pour certains d'appareil-photos ou de console de jeux, il y a bien sûr notre pique-nique pour le déjeuner.

– Et toi, me demande Ida, tu as quoi dans ton sac ?

– Moi… Rien, juste deux sandwichs, une bouteille d'eau et une pomme.

– Pourtant, il est drôlement gros ton sac ! Allez montre, t'as une console toi aussi ! Sors-la !

En finissant sa phrase, Ida attrape mon sac et commence à l'ouvrir, je ne lui en laisse pas le temps et le lui reprends des mains.

– Non ! Je n'ai pas de console ! Juste un pull de plus, je n'aime pas avoir froid dans le car.

– Allez montre, qu'est-ce que tu caches ?

– Rien, j'ai juste un casque et un baladeur, mais je suis sûre que les profs vont nous demander de les donner à la fin du voyage… Et moi, si je n'ai pas ma musique le soir, je fais des cauchemars, alors je ne veux pas le montrer... Voilà, tu sais tout, mais s'il te plaît, chut !

Ida pose un doigt sur ses lèvres et me fait signe qu'elle m'a comprise ! Chuttt ! Elle ne dira rien !

La dernière partie du trajet se fait le nez collé aux vitres, chacun veut être le premier à voir la neige.

Enfin le car commence à monter, la route devient plus étroite et plus sinueuse. Les maisons changent et se couvrent de bois, les arbres d'épines, et la route grimpe, grimpe, grimpe.

Et c'est sur le bord de la route, cachée sous un arbre, qu'elle apparaît. D'abord une toute petite tache, à peine plus grande qu'un paquet de coton oublié à cet endroit.

– Là ! Là, je l'ai vue le premier ! J'ai gagné, j'ai gagné !

Charlie hurle de joie.

– C'est moi, c'est moi ! C'est moi qui l'ai vue en premier ! C'est moi qui ai gagné !

– Non, c'est moi ! dit Oscar.

– Moi le premier !

– Moi d'abord !

Trois minutes plus tard, le car progresse dans un paysage immaculé, aux contours aussi doux que des nuages et il n'y a plus un bruit à bord, que des yeux écarquillés qui cherchent à se perdre dans l'immensité blanche qui bientôt mêle entre eux le ciel et la terre !

– Ouha ! la vache... C'est beau !

Bryan, qui voit la neige pour la première fois, vient de résumer notre pensée à tous ! C'est vrai que c'est beau. On aimerait se rouler dedans, y glisser, en faire des boules, on voudrait en manger ! C'est vrai que c'est beau.

– C'est quoi ce bruit ? me demande Ida.

– Quel bruit ? Je n'entends rien.

– Mais si, là écoute... Un truc qui fait « couic couic... », on dirait que ça vient de ton sac.

– Mais non... Il n'y a rien ! C'est peut-être mon MP3 qui s'est mis en route tout seul...

Mais la discussion s'arrête là, car le car vient de stopper devant un grand bâtiment.

— Nous sommes arrivés, dit monsieur Couïc, vous allez tous descendre du car sans vous bousculer ! En passant devant nous, vous allez nous laisser vos MP3, vos téléphones, vos consoles et tous les autres « trucs » et « bidules » électroniques que vous avez apportés ! Vous n'en aurez pas besoin cette semaine.

À la sortie du car, madame Latour tient une grande caisse en plastique où chacun dépose ses « bidules ».

– Et toi, Brune, tu n'as rien ? me demande la professeur de français.

– Non madame !

Et je m'échappe avec les autres pour aller récupérer ma valise, juste au moment où du fond de mon petit sac s'échappe un « couic couic »...

Ida me jette un regard noir !

Ça commence bien !

CHAPITRE 7

Et glisser à ski mieux-mieux

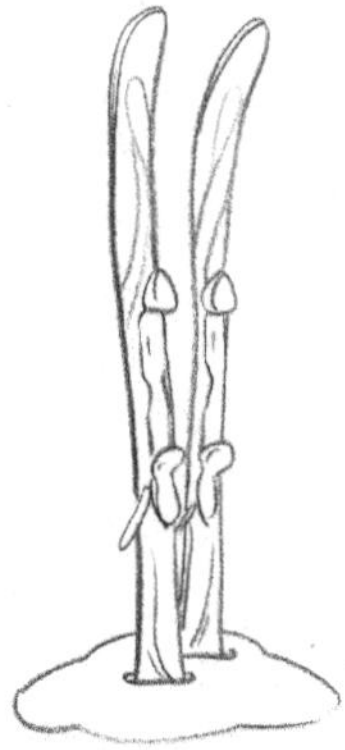

Où l'on découvre le centre, la neige et la vie en collectivité, où l'on s'équipe pour la première fois. Où l'on passe la journée par terre et où l'on finit la journée au ciel !

L'installation et la nuit se passent bien. Le centre où nous sommes est un immense chalet aux innombrables chambres. Il y a une cuisine grande comme un parking de supermarché où officie Bob, en fait il ne s'appelle pas comme ça, mais personne ne sait vraiment le nom qu'il porte, alors tout le monde l'appelle Bob !

Le soir au dîner, Bob passe entre les tables pour voir si ce qu'il a préparé nous plaît ! Devant nos mines ravies et nos airs réjouis, Bob sourit et file se servir un café !

Puis nous nous couchons très vite, car « demain on se lève tôt, il va y avoir du sport », dit monsieur Couïc !

– Moi je connais quelqu'un qui est tombé dans une crevasse en allant skier ! On ne l'a retrouvé que l'été suivant, tout congelé comme un Esquimau !

– Y sont pas congelés les Esquimaux, y sont couverts de fourrures !

– Pas ceux-là ! Les esquimaux par paquet de douze avec du chocolat et des morceaux de noisette dessus !

– Moi ceux que je préfère, ce sont ceux à la pistache !

– Vanille !

– Fraise !

– Les meilleurs c'est chocolat-vanille !

– Non ! Fraise-vanille !

– N'empêche qu'on l'a retrouvé tout dur et tout congelé ! Il paraît même qu'ils ont réussi à le décongeler et que depuis il met un manteau de fourrure même sur la plage en été !

– Moi je connais quelqu'un, il est tombé au ski ! Et ben, il s'est cassé les deux bras et les deux jambes ! À l'hôpital ils l'ont mis dans une baignoire et ils ont rempli la baignoire de plâtre ! Quand ça a été sec, ils l'ont démoulé comme un gâteau en renversant la baignoire... Pendant un mois, il a marché comme une tortue !

– C'est pas vrai !

– Si c'est vrai ! C'est mon père qui me l'a raconté !

– Les filles ! Taisez-vous ! Il faut dormir !

Madame Latour vient de passer une tête par la porte de notre chambre. Elle veille dans le couloir. Faut dire que j'ai de la chance, dans ma chambre je suis avec Marie, Claire et Rose ! Je suis sûre qu'on va bien s'amuser !

Au petit déjeuner, c'est la fête, céréales, pain, beurre, confitures, yaourt, fromage blanc, fruits secs, et encore des tas de choses différentes, et toujours là, debout derrière son buffet, sa tasse de café fumante à la main, Bob et son gros ventre ! Parce qu'il faut le dire, il a un gros ventre, Bob, un café et un gros ventre !

Derrière lui, il y a un immense tas de petits sacs. Ce sont nos pique-niques pour le déjeuner ! J'aperçois Alex qui au milieu de ses copains est en train de faire le clown ! On verra bien tout à l'heure sur les pistes s'il fait toujours le malin !

Et puis commence l'essayage des chaussures et des skis !

Ceux qui sont déjà allés skier le savent, les chaussures de ski, c'est comme des instruments de torture du Moyen Âge, mais en pire ! Ça fait encore plus mal ! Rentrer le pied dedans, c'est comme faire entrer un éléphant dans la carapace d'une tortue naine et après, lui demander s'il se sent à l'aise ! Curieusement, une fois que le pied est entré, on se sent plutôt bien, un peu serré, mais bien.

– Tu crois qu'il faut un ouvre-boîte le soir pour ressortir le pied ? me demande Alex.

En fait, je préfère ne pas y penser !

Quand tout le monde est équipé, la troupe entière se dirige, skis sur l'épaule, vers la première piste, qui est juste en face de notre chalet !

– Qui a déjà skié ? demande monsieur Couïc.

Quelques mains se lèvent.

– Vous suivez Philippe, c'est votre moniteur, il va vous expliquer comment ça se passe et former des petits groupes.

On se retrouve pour le déjeuner. Pour les autres, les débutants, suivez-moi !

Là arrivent trois autres moniteurs en combinaison rouge ! Des sortes de dieux du ski ! Je ne sais pas comment ils ont été choisis, mais les nôtres sont tous beaux, grands, bronzés, souriants !

– Je crois que j'aime déjà le ski, me dit Marie.

– Moi je ne sais pas encore j'hésite, dit Claire. Le ski je sais pas, mais les moniteurs, j'adore !

Les gentils moniteurs font trois groupes. Dans le mien, je garde Rose et Marie, je gagne Bryan et, oh comble de malheur, je vois arriver Alex !

– Et maintenant, explique Éric, notre moniteur à nous, vous mettez vos skis, et vous me suivez en poussant sur vos bâtons !

Alors ça pour le suivre, on le suit. En fait, plus exactement, on essaie de le suivre, on voit son dos, de près, de loin, tout le temps, son dos ou la neige dans laquelle, régulièrement, nous allons les uns après les autres planter nos nez !

La piste sur laquelle nous nous exerçons est une verte, il paraît que ce sont les plus faciles… Et bien je n'ose imaginer ce que cela doit donner sur une rouge ou une noire !

Le plus difficile, ce n'est pas de descendre, une fois qu'on a compris comment ne pas prendre de vitesse, ça va à peu près, mais c'est de remonter ! Le fameux tire-fesses !

La première fois je crois qu'il faut s'asseoir dessus, résultat : je me retrouve par terre, au beau milieu du passage des autres skieurs qui manquent de m'écraser les uns après les autres. À la deuxième tentative, je fais bien attention de ne pas m'asseoir, en fait je n'en ai pas le temps, dès le premier mètre, je suis allongée sur le ventre, les skis en bataille derrière moi et, comme je refuse de lâcher la perche qui est sensée me monter au sommet, me voilà creusant un sillon dans la neige avec le nez et avalant assez de poudreuse pour recouvrir une piste olympique !

La troisième tentative est la bonne ! J'arrive enfin en haut ! Mais je suis tellement concentrée sur ma perche, que j'en oublie de la lâcher à l'arrivée… me voilà repartie pour faire un tour, direction, en bas ! Heureusement, Éric veille, et, avant qu'il ne m'arrive un vrai malheur, il vient m'attraper sous un bras et me pose au départ de la piste !

Ouha ! Il est drôlement fort Éric !

Le plus terrible dans tout ça, c'est qu'Alex réussit du premier coup ! Quand j'en suis à ma première descente, à la vitesse d'une tortue asthmatique, voilà que, tel un zèbre des neiges, il me dépasse ! J'enrage !

Je me concentre, décide d'aller plus vite, résultat je mange encore plus de neige et vois passer Alex qui file comme une fusée !

– Quelqu'un a vu Rose ? demande Marie.

– Elle était devant moi, répond Bryan, mais je ne la vois plus !

– Il faut prévenir Éric, dit Marie, Rose a disparu...

Je décide d'accélérer pour rattraper le moniteur. Accélérer au ski, c'est facile, il suffit de se pencher en avant, de bien coller ses skis l'un contre l'autre et de se mettre « face » à la pente, ce que je fais. Et aussitôt, j'accélère ! J'accélère... Je sens le vent qui siffle sous mon bonnet, je sens aussi mes skis qui tremblent et ont du mal à coller à la neige. Je sens aussi que désormais, je ne suis plus capable de m'arrêter ! Je file tout droit vers je ne sais quoi ! Je double Alex qui n'en revient pas, je double tout le monde d'ailleurs... Je double et je crie ! Je crie de toutes mes forces en fermant les yeux, c'est sûr maintenant, mon premier jour de ski va aussi être le dernier, et même le dernier jour tout court !

– Mais, où vas-tu comme ça, petite loutre ?

On me parle ? Quelqu'un me parle... C'est donc que je ne suis pas morte ! En plus de me parler, cette voix doit avoir des bras puisque je sens très nettement quelqu'un qui m'attrape et arrête ma course folle.

– Où files-tu comme le vent, petite Brune ?

Et là, devant moi, mon sauveur, mon héros, Éric ! Il vient, pour la deuxième fois de me sauver la vie et je crois que... je crois qu'il faut lui dire que Rose a disparu ! En deux secondes je lui explique la situation :

– C'est à cause de Rose, elle a disparu, on l'a plus vue, elle s'est envolée ! Faut la retrouver !

Il doit être drôlement intelligent Éric parce qu'il comprend tout de suite ce qui se passe. Il part comme une flèche et nous le suivons tous comme nous pouvons.

C'est Marie qui la voit la première. Accrochée à un arbre, les bras serrés autour du tronc, comme un singe dans la jungle, mais sans banane et avec plus de neige. Rose est là, en l'air, au bord de la piste !

– Au secours ! Je ne sais pas comment j'ai fait ! J'ai pris de la vitesse, j'ai perdu le contrôle, j'ai sauté sur une bosse ! Je veux descendre !

– Alors, descends ! lui dit Éric au pied de son arbre.

– Je ne peux pas ! J'ai peur, je suis trop haut !

– Rose ?

– Oui...

– Rose, ouvre les yeux. Voilà, c'est bien ! Maintenant, regarde vers le bas. Voilà c'est bien. Et alors que vois-tu ?

– Que je suis à 10 cm du sol ?

– Voilà ! Alors maintenant lâche cet arbre qui ne t'a rien fait ! Demande-lui pardon de lui être rentré dedans et reviens avec nous sur la piste.

Et c'est ce que fait Rose, tout simplement ! Il est vraiment très fort ce Éric !

Le reste de la matinée est plus calme, même si Alex continue à m'énerver en skiant plus vite que moi !

Au déjeuner, nous dégustons les délicieux sandwichs préparés par Bob.

L'après-midi se passe sur les pistes où nous prenons de l'assurance. À la fin de la journée, le tire-fesses est notre meilleur ami et il nous tarde d'aller taquiner la piste bleue ! C'est sûr, demain, nous serons des grands, des skieurs, des vrais.

De retour au chalet, il y a la séance chaussures, et c'est bien ce que je craignais ! Les mettre ce n'est pas facile, les enlever, ce n'est pas plus facile ! Quand au bout de douloureux efforts, le pied parvient enfin à se libérer de sa prison de plastique, on entend presque hurler les doigts de pied, « libérés, délivrés ».

Le dîner est un régal, nous mangerions tous un cheval avec sa selle et son cavalier avec ses bottes : le sport, ça creuse !

À la fin du dîner il y a juste un petit incident que presque personne ne remarque.

– C'est curieux, dit Bob à monsieur Couïc, il y a eu un vol de carottes cette nuit dans ma cuisine ! Je suis prêt à parier que c'est un de vos élèves qui a fait le coup !

– Des carottes, répond notre professeur, des carottes, alors là, je suis sûr qu'il ne s'agit pas d'un élève ! Des carottes ! Des gâteaux, des bonbons, du chocolat, du sucre, des chips, des yaourts, ça je dis pas ! Mais des carottes ! Ça serait presque une bonne nouvelle qu'ils se mettent à manger des légumes !

CHAPITRE 8

Disparitions en tous genres

Où l'on comprend des choses que l'on n'avait pas comprises avant et que même on n'avait peut-être pas soupçonnées ! Où l'on continue à glisser, et à tomber aussi.

– Mozart a disparu !

– Hein, quoi ? C'est qui Mozart ?

Ce matin, je me réveille avant les autres et, comme hier matin, je vais discrètement voir dans le placard où sont rangées mes affaires. Mais là, contrairement à hier... Plus de Mozart !

– Mais c'est qui Mozart ? demande Rose.

– T'es nulle ! répond Marie. Mozart, c'est le plus grand musicien de tous les temps, enfin, c'est ce que dit mon père ! Mais si ça peut te rassurer, Brune, ça fait un bon moment qu'il a disparu ! Je dirais au moins deux cents ans !

– C'est mon cochon d'Inde !

– Ah ben voilà aussi, dit Rose, c'est une drôle d'idée d'appeler son cochon d'Inde comme un musicien ! Un canari encore, j'dis pas, mais un cochon d'Inde !

– Comment tu sais qu'il a disparu, tes parents ont appelé ? dit Marie.

Alors il faut que j'explique qu'au moment de partir, je n'ai pas eu le courage de laisser Mozart tout seul, je savais bien qu'il allait s'ennuyer ! Il me regardait avec ses grands yeux tristes en poussant des petits cris plaintifs... J'ai juste voulu lui caresser la tête, mais je ne sais pas pourquoi, je l'ai attrapé et mis dans une boîte à chaussures, puis dans mon sac avec mon pique-nique et mon MP3.

Pendant tout le voyage, j'ai eu peur qu'il soit découvert. Arrivée ici, je l'ai installé dans mon placard et hier, je suis allée emprunter des carottes à la cuisine.

– Mais t'es folle ! Il va mourir !

– Mais non puisque je lui donne des carottes et que j'ai emporté une réserve de nourriture spéciale !

– Mais pas de faim, il va mourir d'ennui ! Tu ne peux pas laisser un animal tout seul toute la journée dans le noir ! C'est trop cruel !

Mes amies me regardent avec un air à la fois étonné et surtout de reproche, elles me regardent comme si j'étais un monstre !

– Mais il adore ça Mozart, rester tout seul ! À la maison il le fait tout le temps, je lui mets mon casque dans sa cage, il se met entre les deux écouteurs et il dort ! Mon grand-père pense d'ailleurs que c'est à cause de ça qu'il est à moitié sourd !

– Et comment tu comptes le retrouver ? demande Claire.

– Moi je sais ! Regardez les filles, il suffit de suivre la trace ! dit Marie.

Sur le sol de la chambre, Mozart a laissé, fidèle à ses mauvaises habitudes, une série de petites crottes. À nous de suivre la piste des crottes !

C'est à ce moment-là qu'entre madame Latour.

– Vous êtes déjà debout les filles ! Formidable, habillez-vous vite et filez au petit déjeuner !

En quittant la pièce, madame Latour, sans le savoir, emporte avec elle, collé sous la semelle de ses chaussures, le début de notre piste ! Tout est à refaire.

En descendant les escaliers, en marchant dans les couloirs, à la cantine, partout où nous marchons, nous sommes à la recherche de ces fameux indices laissés par Mozart !

– Là, me dit Rose, y en a une cachée derrière la porte de la cuisine, je suis sûre !

Comme des Sioux derrière un bison, comme des loups derrière un mouton, comme des lapins derrière un camion de carottes, nous nous approchons de l'objet de toute notre attention ! La petite chose est là-bas, juste devant la porte de la cuisine ! Soudain Bob sort de son antre, et comme dix minutes plus tôt dans notre chambre, le précieux indice file sous un pied.

Au moment de partir skier, il faut bien se rendre à l'évidence, pas plus de traces de Mozart dans le chalet que de Martiens sur la lune. C'est la mort dans l'âme que nous remettons nos pieds dans ces chaussures de torture.

CHAPITRE 9

Une lettre, deux auteurs

Où l'on écrit des lettres, où l'on apprend le travail de groupe, où l'on sauve la planète, mais où l'on a un peu l'impression de s'être fait avoir !

Le soir avant d'aller se coucher, nous écrivons des lettres à nos parents. Alex vient s'asseoir à côté de moi !

– Hé, on devrait écrire la lettre ensemble !

– Euh… Oui… pourquoi pas, mais…

– Y a pas de mais ! Réfléchis, c'est tout vu ! Si on fait chacun une lettre, on va raconter la même chose, mais deux fois ! Alors les parents, ils vont s'ennuyer à la deuxième lettre ! Si c'est la tienne, pas de chance, si c'est la mienne, dommage ! Sans compter que du coup, on économise un timbre et surtout, on sauve la planète !

– On sauve la planète en n'écrivant qu'une lettre ?

– Mais oui, on économise du papier, donc un arbre qui du coup peut pomper la pollution des voitures, on minimise le poids du facteur qui, de ce fait, utilise moins d'essence et évite un pic de particules et d'autres produits polluants ! Donc, si tu veux écrire ta lettre toute seule de ton côté, tu risques tout simplement de provoquer la fin du monde ! À toi de voir ! Mais de mon côté, c'est tout réfléchi ! Il ne sera pas dit qu'égoïstement j'aurais tué des baleines et précipité la fin des éléphants ! J'ai un cœur moi, madame !

– D'accord ! Comment on fait ?

– Ben c'est hyper simple, commence à écrire ce que tu veux et je viendrai compléter après toi. OK ?

Voilà comment je me retrouve seule devant ma feuille et comment j'écris ma lettre !

« Ma petite maman, mon petit papa,

Nous sommes bien arrivés ! Le centre est super ! Il y a plein de neige et les moniteurs sont super sympas ! Les cours ont commencé et j'adore le ski ! Demain, nous allons visiter une ferme et goûter du fromage. J'espère que vous allez tous bien et que Charlotte ne s'ennuie pas trop sans nous !

À la fin de la semaine, le moniteur pense que nous pourrons passer la première étoile ! Vous allez être très fiers de moi !

Je suis très contente ici, mais je serai très contente aussi de vous retrouver !

Gros bisous,

Brune. »

– Alex ! Tu peux venir, c'est à toi d'écrire !

Alex arrive, il prend la feuille, il la lit, il semble réfléchir un instant, il se gratte le nez, mordille son crayon, puis se met à écrire :

« Pour moi, c'est tout comme Brune !

Je vous embrasse !

Alexandre »

– Voilà, c'est tout ! dit-il en me rendant la feuille.

– C'est tout ?

– C'est tout !

– Mais c'est un peu court !

– Oui, je sais, on aurait sans doute pu dire bien d'autres choses en somme, et patati et patata... Mais que veux-tu, tu as tout dit, et fort bien d'ailleurs. Alors je m'incline ! Je n'ai rien à ajouter et puis je ne voudrais surtout pas ennuyer les parents ! Ce serait bien trop mal élevé ! Je suis un fils modèle, moi, madame !

Voilà comment je me suis fait escroquer par Alex !

CHAPITRE 10

Un dimanche à la montagne

Où l'on cherche des crottes, où l'on entend parler de carottes, où l'on se souvient que l'on est dimanche. Où l'on découvre que tout le monde n'y va pas et, où certains s'étonnent que l'on puisse y aller. Où l'on croise un authentique meurtrier et une charmante dame qui n'aurait pas dû enlever son pull.

Ce matin, en me levant, je me précipite pour voir si Mozart est revenu... Mais rien, personne, ni cochon d'Inde ni aucune trace de son passage.

– Alors ? me demande Marie en se levant à son tour.

– Rien ! Toujours rien ! Je commence à croire qu'on ne le retrouvera jamais !

– D'autant plus que, je ne voulais pas t'en parler avant, mais il y a un chat qui traîne du coté des cuisines. Un gros, un teigneux balafré qui ressemble à un tigre en plus méchant. Il paraît qu'il est là pour tuer les souris, et hier soir, Bob disait au garçon que son tableau de chasse était impressionnant !

Pendant tout le petit déjeuner je ne peux détacher le regard du chat qui, posé dans un coin, semble me regarder avec un air narquois.

– Il est beau ! Il s'appelle Inferno ! Tu as le droit de le caresser, il adore qu'on le gratte sur le ventre !

Bob qui a vu que je regardais le chat avec insistance est venu me parler. Le chat, devinant sans doute qu'il est le sujet de notre conversation, s'approche de moi et se met sur le dos, me présentant son gros ventre pour que je le gratouille !

– Tu vois, me dit Bob, je crois qu'il t'aime bien !

Mais, comment voulez-vous que je caresse un ventre dans lequel il y a peut-être Mozart ! Comment voulez-vous que je gratouille le criminel qui a dû tuer mon meilleur ami à quatre pattes !

Heureusement, madame Tricot et monsieur Couïc arrivent à ce moment-là.

– Aujourd'hui, nous sommes dimanche, le programme est un peu spécial ! Ce matin, ceux qui le veulent peuvent venir avec nous à la messe, les autres vont skier ! Tout le monde se retrouve pour le pique-nique habituel et cet après-midi, il y a visite d'une ferme typique de la région !

– Tu y vas toi ? me demande Rose.

– Ben, euh... Oui, enfin je crois... Pourquoi ?

– Non, je ne sais pas. Comme ça. Moi je ne sais pas.

– Mais d'habitude, tu y vas toi ?

– Oui, chaque dimanche, mais là, comme y a pas mes parents. Et puis il y a le ski ! C'est dommage de rater le ski !

– Hé, les filles vous venez ? On va mettre nos skis !

Bryan vient juste de passer devant nous, bonnet sur la tête moufles aux mains, il est déjà parti.

– Brune, elle ne sait pas encore ! Peut-être qu'elle préfère aller à la messe ! lui répond Claire, qui elle a déjà enfilé sa doudoune et mis son écharpe.

Bryan s'arrête net ! Lui qui allait en courant vers le local des skis, il semble hésiter.

– Tu y vas vraiment ? me demande-t-il.

– Bien sûr qu'elle y va !

Alex vient juste d'arriver. À côté de Bryan, on dirait un bébé, il a une tête de moins et pourtant, à ce moment précis, c'est lui qui semble être le plus grand.

– À la maison on y va chaque dimanche, alors là, on fait comme d'hab !

– Mais tu ne préférerais pas aller skier ? je demande.

– Je ne sais pas ! Peut-être ! Mais c'est comme ça ! J'y vais !

– Moi je crois que je vais venir avec vous ! dit Marie. Chez moi, c'est le contraire, la messe, on n'y va presque jamais, du coup, je ne connais pas bien !

Je suis très impressionnée par Alex. D'habitude il m'énerve, mais il m'énerve... Mais là, même pas peur !

Un peu plus tard, nous partons à une dizaine vers la petite église de la station. C'est rigolo d'aller à la messe sous la neige, on se croirait à Noël.

– Tu sais, je t'ai trouvé courageux de dire devant tout le monde qu'on allait à la messe !

– En fait, y a aussi une autre raison... J'ai dit à Bryan que j'allais le battre à la course ! me répond Alex.

– Et alors ?

– Alors ? Après la journée d'hier, j'ai tellement mal aux cuisses que jamais je n'aurais pu le battre ! Et puis… ça m'embêtait de rater la messe… Je sais pas pourquoi, mais ça m'embêtait beaucoup.

L'église est toute petite et elle est pleine comme un œuf. Faut dire qu'ici les gens viennent avec leurs skis qu'ils empilent au fond de l'église. Un skieur, ça vaut facile deux paroissiens normaux, à cause des combinaisons, des bonnets, des écharpes, des gros pulls et des chaussures. Difficile de bouger une fois que l'on est assis, serrés les uns contre les autres.

Pourtant il le faut bien, car au bout de cinq minutes une évidence apparaît, il fait beaucoup trop chaud ! Les uns se tortillent, les autres ondulent, les coudes battent sur les côtés, les bras tentent de se lever sans se cogner dans le voisin, la moitié de l'église essaie en même temps d'enlever son anorak ! Le quart d'heure suivant est occupé à ôter les pulls qui s'empilent les uns sur les autres. À la fin de l'office, les bancs sont encombrés de montagnes de lainages de toutes les couleurs. Au fond, il reste juste une petite dame qui, depuis un bon moment, se bat avec la fermeture éclair de son pull zippé. Elle est toute rouge à force d'efforts et de surcuisson. Si c'était un four à micro-ondes, ça fait longtemps qu'elle aurait fait « dring ». Soudain un sourire, la fermeture vient de lâcher et son bras peut descendre, libérant son cou et y laissant venir un peu de fraîcheur. Dans l'euphorie de sa liberté nouvelle et de sa fraîcheur retrouvée, elle oublie les skis bien alignés en équilibre contre le mur et, oh comble de la malchance, elle en touche un !

Le ski hésite, tombera à gauche, glissera à droite ? Il se décide et après avoir bousculé son voisin de droite, qui lui-même s'effondre sur son voisin et ainsi de suite, et, dans un très beau mouvement et un bel ensemble, les skis posés contre le mur s'effondrent comme des dominos. Wrrrrrrrrrroooooooouuuuuuffffffffff... Plam ! Un nuage de poussière conclut le mouvement !

Un moment surpris, le prêtre attend que le silence revienne.

– Mes frères, ce n'est sans doute pas un signe de Dieu, et pourtant, prenons exemple sur vos skis qui ne se connaissent pas et ont pourtant été capable de faire ensemble quelque chose que seuls, chacun de leur côté, ils auraient été incapable de faire ! Alors désormais, faites comme les skis, aidez-vous les uns les autres !

Dans l'église tout le monde rit et quand la petite dame du fond, toute rouge, essaie de remettre un ski debout et le refait tomber, le père demande qu'on lui trouve une place assise :

– Elle sera moins dangereuse ! conclut-il.

La cérémonie se finit dans la bonne humeur !

En arrivant sur le lieu du pique-nique pour retrouver les autres, nous sommes encore en train de rire.

– Et pourquoi vous riez !

– Une histoire de skis à la messe, répond Alex.

– Une histoire de skis qui s'aident, poursuit monsieur Couïc.

– Des skis qui s'aident et s'aiment, quand ça glisse à la messe, le père qui prie dit tout haut ce que les skis disent tout bas en tombant de haut dans un sacré fatras ! conclut madame Tricot.

Tout le monde la regarde, étonné, on la savait super forte avec les arbres, les plantes, les asticots, les vaches et sans doute les chameaux, mais elle l'est aussi avec les mots !

CHAPITRE 11

Un si charmant chat

Où l'on entend crier, où l'on reprend espoir, où la peur des uns fait le bonheur des autres, où la nuit tous les chats sont gris et certains d'entre eux sont gentils.

– Ouahhhhhhhhhhhhh ! Hiiiiiiiiiiiiiiiiiiiiiii !

Un cri horrible, un cri qui glace le sang, puis un silence de mort !

Voilà, c'est en gros ce qui nous réveille au beau milieu de la nuit ! Dans les couloirs, c'est la panique !

– Qu'est-ce qui se passe ? demande monsieur Couïc qui arrive l'œil encore mi-clos, le cheveu en bataille et la démarche hésitante.

– Ça vient de la chambre de Greg, Oscar et Bryan !

– Y a un problème ?

Madame Latour et madame Tricot surgissent à leur tour dans le couloir.

– Je ne sais pas, répond monsieur Couïc qui se dirige vers la chambre du cri !

Il est fort monsieur Couïc, c'est normal pour un prof de sport, mais lui, il est vraiment très fort ! Il est large comme un éléphant, haut comme une girafe, fort comme un gorille et malin comme un singe, mais là devant la porte de la chambre des garçons… On devine qu'il a un peu peur ! La main sur la poignée de la porte, il hésite… Et puis, d'un geste sec, il ouvre, et là, ce qu'il voit est terrible !

Serrés les uns contre les autres, dans un silence épais, Greg, Oscar et Bryan ne bougent plus. Il y a juste un petit bruit qui fait « clac clac clac… ». Ce sont leurs dents qui s'entrechoquent.

– On l'a vu ! On l'a vu !

– Quoi ? Vous avez vu quoi ? demande le professeur.

– Un rat ! Un rat énorme ! Il devait peser au moins dix kilos ! Il est passé dans notre chambre en poussant des cris horribles ! Il est monté sur mon lit, je l'ai senti qui sautait sur mon ventre, dit Bryan, il a voulu me mordre, si je ne m'étais pas réveillé, il m'aurait dévoré le nez ! J'ai juste eu le temps de voir ses petits yeux qui brillaient dans la nuit ! Monsieur ! J'ai peur...

Madame Tricot arrive, c'est une spécialiste des animaux, des petits comme des gros. Tout de suite, elle cherche à nous rassurer :

– Votre ami s'est sans doute trompé ! Un rat de cette taille-là ça n'existe pas ! Je crois qu'il a juste fait un cauchemar ! Allez tout le monde va se recoucher. Les autres professeurs et moi-même nous allons rester dans les couloirs pour surveiller et nous assurer que tout va bien ! Allez, vite au lit !

– Brune, tu as vu ?

Dans le couloir, Rose m'attrape par la manche.

– Non, quoi ?

– J'ai trouvé ça par terre dans la chambre des garçons, près de la porte.

Et ouvrant la main, Rose me montre une petite crotte, une toute petite crotte longue et dure comme sait si bien les faire Mozart !

– Je crois que ton cochon d'Inde n'est pas loin, ajoute-t-elle.

Obligées d'obéir à nos professeurs, nous allons nous recoucher. Mais pas pour très longtemps. Une heure plus tard, nous ouvrons la porte, un coup d'œil à gauche, un à droite… La voie est libre, personne en vue !

Discrètes comme des souris à la recherche de crottes de cochon d'Inde, nous nous dirigeons toutes les quatre vers la porte où le « monstre » a fait si peur aux garçons, car le monstre, bien sûr, c'est Mozart ! De crotte en crotte, nous remontons la piste. Chemin faisant, nous tombons sur un problème, un gros problème plein de poils, Inferno lui-même ! Le nez au sol, la truffe aux aguets, il semble lui aussi sur la piste de Mozart, le félin félon se félicite déjà de son festin et file affamé vers son dîner.

– Vite les filles, dit Blanche, il faut le suivre et attraper Mozart avant lui !

Inferno est rapide, il est plus petit que nous et se glisse partout et en plus, il connaît bien le terrain ! La poursuite est difficile ! Il commence par monter au second étage, puis redescend, direction la salle à manger, il inspecte ensuite une par une les paires de chaussures de ski, puis file vers la pièce où sont entreposés les munsters que nous avons rapportés de la ferme. Mais là il semble reculer devant l'odeur qui s'échappe des emballages.

– C'est curieux comme il semble se délecter des odeurs de pieds, mais détester le fromage. Ce chat est plein de contradictions !

Le périple du matou se poursuit dans la cuisine. Il ne renifle plus, il file direct vers un objectif ! Plus d'hésitation dans sa démarche. Du bout de la patte, il ouvre un placard, celui des fruits et légumes. De ses griffes, il déchire un emballage, de ses dents se saisit de quelque chose, ressort du placard et file sans attendre. Inferno reprend les escaliers, monte au premier étage et va droit sur notre chambre, il en pousse la porte et se dirige direct sur le placard où j'avais installé Mozart. Du nez, il l'ouvre et y entre. Il y est accueilli pas de petits cris que je connais bien, « couic couic » ! Mozart ! Mozart est dans le placard ! Le chat ne va en faire qu'une bouchée ! J'ouvre la porte et là... Là je trouve Inferno couché et, installé entre ses pattes, grignotant la carotte que le chat vient de lui apporter, Mozart !

Le tueur de souris est un romantique, il s'est pris d'affection pour le cochon d'Inde des villes perdu à la montagne.

Au petit matin, les visages sont un peu éteints et les yeux ont du mal à rester ouverts. Le petit déjeuner est avalé dans un silence presque total.

– Ah, si seulement ils pouvaient être aussi calmes pendant les cours ! soupire monsieur Couïc.

– Peut-être faudrait-il investir dans une machine à cauchemars ?

Madame Latour rêve tout haut.

– Ou bien faire les cours la nuit quand ils dorment ! conclut madame Tricot.

Et les trois professeurs soupirent en espérant le jour lointain et imaginaire où l'on pourra entendre voler les mouches dans les salles de classe.

CHAPITRE 12

Papy met le paquet !

Où l'on reçoit un paquet, où l'on aimerait bien aimer, mais où l'on se dit qu'il est plus prudent de ne pas le faire. Où l'on voit que les autres ne voient pas les choses comme on les voit.

Après le ski, quand nous rentrons, distribution du courrier.

– Bryan, deux lettres et un paquet ! Rose une lettre, Marie deux lettres, Oscar quatre lettres...

C'est comme ça depuis le premier jour du séjour. Certains reçoivent des lettres comme les montagnes de la neige en hiver, d'autres les reçoivent comme la pluie dans le désert. Mais il ne faut jamais désespérer !

– Brune et Alex, un paquet, et gros, et un beau en plus !

Monsieur Couïc dépose devant nous un des fameux colis de Papy. Bariolé, décoré, pas vraiment discret ! D'un seul coup, tous les regards se posent sur nous.

– Tu ouvres ? demande Alex.

Le souci, avec les envois de Papy, c'est qu'on ne sait jamais vraiment sur quoi on va tomber. Alors, ouvrir devant tout le monde, ça fait un peu peur ! Tant pis, je me lance ! J'ouvre le paquet et à l'intérieur, il y a... deux paquets !

– Tiens, il y a en a un pour toi et un pour moi.

Alex de son côté, moi du mien, nous commençons à ouvrir nos paquets avec de plus en plus de monde autour de nous... Dans nos paquets, il y a... deux autres paquets !

– Il n'est pas un peu bizarre votre grand-père ? demande Maya.

– Pas un peu ! Beaucoup, passionnément à la folie, notre grand-père est complètement bizarre, il est furieusement surprenant !

Et tout en disant cela, Alex ouvre ses deux autres paquets. Du premier, il tire une écharpe qui n'en finit pas, du second un bonnet qui permettrait sans difficulté à un éléphant de passer l'hiver au chaud tellement il est grand, et qui rendrait fou un caméléon, tellement il est coloré !

Dans mes paquets, il y a la même chose, et en plus, il y a une lettre.

« Mes chers enfants,

Je ne suis pas sûr que vous ayez réussi à vous servir des aiguilles et de la laine que je vous ai envoyées la semaine dernière, aussi ai-je pris la liberté de tricoter moi-même ces petites choses afin que vous puissiez passer votre séjour au chaud ! Bon ski et amusez-vous bien !

Papy

P.S. Pour la couleur, ne sachant pas ce que vous aimez, j'ai mis un peu de tout ! Pour la taille, je crois que cela devrait aller. Comme modèle, je me suis servi de la tête du bison empaillé qui est dans l'escalier ! Je lui trouve un air de ressemblance avec vous ! Le poil en plus, bien sûr ! »

Il y a des moments dans la vie qui sont plus durs que d'autres ! Quand nous mettons nos écharpes et nos bonnets tout neufs, Alex et moi, nous comprenons tout de suite que nous sommes en train de vivre un de ces moments-là. Un de ceux où l'on voudrait être ailleurs, où l'on souhaite devenir une souris, une mouche, un microbe, en tout cas un truc si petit que plus personne ne peut nous voir.

Tous les regards sont maintenant fixés sur nos têtes à moitié ensevelies sous la laine bariolée, et nos corps enveloppés comme des momies dans des kilomètres de bandelettes arc-en-ciel ! Un silence de mort règne autour de nous… C'est clair, c'est moche !

– Et c'est ton grand-père qui tricote ça ? demande un copain d'Alex en touchant l'écharpe du doigt comme on s'approche d'une méduse.

– Euh oui, mais tu sais, moi non plus je n'aime pas trop, en fait je crois…

Mais Alex n'a pas le temps de finir sa phrase.

– Ouha, reprend l'autre, t'as de la chance ! Moi j'adorerais avoir un grand-père qui me tricote des trucs ! C'est cool ! OK, elle est… curieuse, enfin étrange, je veux dire, elle n'est pas vraiment classique, en fait ce n'est pas le modèle que l'on voit partout, en fait c'est plutôt original comme écharpe... C'est ça, c'est le mot, c'est original ! Mais c'est super d'avoir un grand-père qui tricote !

Alex et moi n'en sommes pas tout à fait persuadés, mais les copains le sont pour nous, alors...

CHAPITRE 13

Pigeon ? Vole ! Skieur ? Pas toujours !

Où l'on skie et re-skie, où l'on skie encore et commence à croire que l'on sait skier, où l'on se prend à se rêver champion, où l'on découvre les bonheurs de la neige fraîche et les malheurs de la neige glacée.

Au bout de quatre jours, je commence à me débrouiller. Le tire-fesses est une évidence et le temps où je tombais me semble loin. Les remonte-pentes n'ont plus de secret pour moi et les longs trajets suspendus dans le vide sont de délicieuses occasions pour refaire le monde avec Rose, Marie ou Claire.

À nous les pistes vertes, et même une ou deux rouges, mais des pas trop dures !

– On prend celle-là ? demande Alex. C'est la Marcelle !

– OK, répond Éric, mais n'allez pas trop vite, il ne faut pas la prendre jusqu'au bout ! Il faut bifurquer à la moitié.

– Super !

Sans trop écouter la fin de la phrase d'Éric, Alex et Rose filent en avant, trop heureux de cette nouvelle ivresse que procurent le sifflement du vent dans les oreilles et le picotement du froid sur le nez.

– Je file derrière les rattraper ! dit madame Latour.

Alors nous voyons s'éloigner la longue silhouette de notre professeur.

– C'est vrai qu'elle skie drôlement bien ! dit Marie.

– C'est vrai, confirme Éric, elle a la classe et elle a la grâce. Elle skie mieux que bien, elle skie joliment.

À mi-pente comme il l'avait dit, Éric nous fait prendre une intersection.

– Si l'on continue tout droit, on arrive sur une noire qui est redoutable. Encore deux ou trois virages, bien penser à plier les genoux et voilà la fin de cette fameuse Marcelle !

– Ils sont où les autres ?

En effet personne ! Pas plus d'Alex que de Rose et aucune tête de madame Latour qui dépasse à l'horizon !

– Là-bas sur la piste avec les bosses ! crie Bryan.

– Mais... mais... il ne fallait pas ! C'était pas par là ! C'est pas bien ! Houlalala... C'est pas bon ça, c'est pas bon du tout ça ! (Éric se prend la tête dans les mains.) Vous, vous ne bougez pas, dit-il.

Poussant sur ses bras, s'appuyant sur ses skis, Éric file en direction de nos naufragés des neiges. Du bas de la piste où ils doivent arriver, il se met à faire de grands gestes, de ses bras, il semble vouloir leur dire quelque chose, de loin, il doit ressembler à un moulin par grand vent.

Là-haut, la petite troupe semble l'avoir aperçu et, à son tour, ils se mettent à faire de grands signes et changent légèrement de direction pour foncer droit sur Éric.

– Oh non, ça c'est pas bon, faut pas qu'ils fassent ça ! Non non non...

Éric se met à agiter les bras encore plus vite et plus fort ! Mais là-haut plus personne ne le regarde, les skieurs sont concentrés sur la piste. Madame Latour est en tête, elle ouvre la voie !

– C'est une catastrophe, c'est une catastrophe, c'est une catastrophe ! marmonne Éric qui maintenant ne bouge plus et ne parvient pas à détacher son regard des trois skieurs qui se rapprochent de plus en plus vite.

– Dis Éric, c'est quoi le problème ?

Nous sommes tout près du moniteur et devant son air inquiet, nous commençons à l'être aussi.

– De quoi t'as peur ?

– De ça !

De son bras, Éric nous montre un café qui se trouve en plein soleil au bas de la piste.

– Et de ça !

Juste au-dessus, il y a deux bosses qui, quand on les regarde d'un peu plus près, sont en fait des tremplins...

– Et alors ? demande Marie.

– Alors...

Éric nous regarde comme si nous étions des lapins de six semaines incapables de comprendre quoi que ce soit !

– Alors de là où ils sont, ils ne voient pas qu'ils vont droit sur les tremplins, qu'ils vont s'envoler et atterrir direct sur les tables du café ! C'est vraiment une catastrophe !

Éric part aussi vite qu'il le peut vers le café et, encore une fois, usant de ses grands bras, il s'agite dans tous les sens, crie à tout le monde qu'il faut se lever, quitter les tables, fuir, sauver sa vie, que des missiles vont s'écraser sur les gens, qu'une catastrophe arrive ! Les gens rient et le trouvent très amusant, mais personne ne bouge ! Alors Éric jette un dernier regard en direction des tremplins qui dominent le toit du café, et pouf, il s'effondre, évanoui !

C'est juste après que, l'un après l'autre, deux petits objets skiant trop vite et volant mal, et un autre plus grand, apparaissent dans le ciel, surgissant du tremplin ! Ziouf, ziouf, ziouf ! Trois oiseaux à l'horizon, trois fusées dans l'espace, trois météorites filant vers la Terre !

Sauter à ski depuis un tremplin, c'est tout un art, et cet art-là, aucun des trois ne le possède !

Alors, l'un après l'autre, oiseaux, météorites et fusées se transforment en cailloux et, au lieu de planer au loin, s'écrasent lamentablement dans un grand mélange de bras, de jambes, de skis, de bonnets, d'écharpes et de lunettes de soleil !

Alex, Rose et madame Latour viennent de trouver le secours du très doux et très confortable matelas blanc de neige fraîche accumulée sur le toit du restaurant.

Passé le premier moment d'étonnement, il ne leur est pas très difficile d'en descendre, encore un peu surpris eux-mêmes de ce qui vient de leur arriver !

Quand Éric se réveille, il est tout surpris de revoir tout le monde en vie, penché au-dessus de lui.

– Ça fait trente ans que je suis là chaque hiver ! Trente ans que j'en vois passer ! Mais des comme vous, jamais, nous dit le patron du « P'tit coin chaud », c'est le nom du restaurant. Alors pour fêter ça, je vous invite à déjeuner !

Voilà comment nous déjeunons en terrasse au soleil, confortablement installés ! Le bonheur !

En fin d'après-midi, nous skions sérieusement. Demain c'est les passages d'étoiles, a dit Éric, demain, c'est le dernier jour de ski !

Au dîner, Alex raconte son histoire à ses copains, moi je ne suis pas trop loin et j'écoute. C'est curieux, mais je ne reconnais pas tout.

– Avec Rose, une des amies de ma sœur et madame Latour, la très grande, celle qui a la tête dans les nuages et les pieds au sous-sol, on a pris une piste noire ! Une vraie, avec des bosses et tout et tout ! À la fin, on avait le choix ! Finir comme tout le monde, mais bon, vous me connaissez, trop facile, ou alors prendre sur le côté, il y avait un tremplin de saut ! On a pris le tremplin, évidemment ! Alors là, il a fallu prendre de la vitesse et puis tout à coup... On s'est envolé ! J'ai bien serré les skis, je me suis penché en avant et j'ai plané, pendant au moins une minute...

– Une minute ?

– Non t'as raison, moins, quand on vole, on oublie le temps ! Puis j'ai atterri sur la terrasse d'un restaurant qui est juste en dessous ! Le patron était si étonné qu'il nous a tous invités à déjeuner !

– Ouha ! T'es hyper fort !

– Oui, c'est assez vrai, mais vous me connaissez !

– Oui, c'est pour ça qu'on a aussi demandé à Rose de nous raconter... Et curieusement, sa version et la tienne ne sont pas du tout les mêmes ! Mais ne t'inquiète pas, on te connaît !

Autour d'Alex ils éclatent tous de rire, et après dix secondes, Alex rit lui aussi !

CHAPITRE 14

Des étoiles plein les yeux

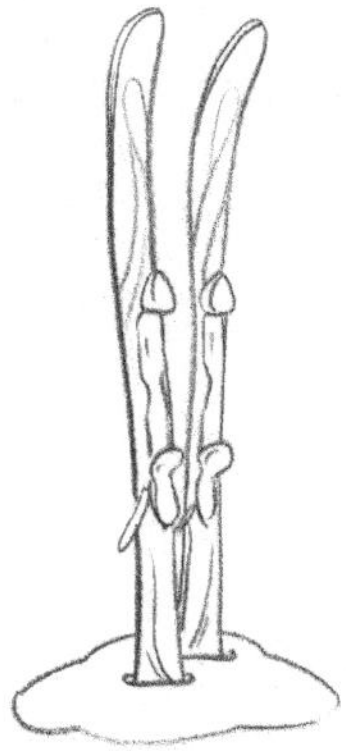

Où l'on fait un peu la course, où l'on décroche la lune et où l'on se demande comment on va pouvoir attendre si longtemps avant de remettre les pieds dans de pareilles chaussures.

Ce matin, c'est le dernier jour de ski, le jour pour décrocher les étoiles. Dans la chambre, nous nous habillons en silence. Seuls les bruits qui sortent du placard viennent rompre le silence : le petit « grtgrtgrtgrt » de Mozart qui grignote deux feuilles de laitue et une d'endive qu'Inferno lui a rapportées et le « ronronronronr » du gros matou qui dort paisiblement. Depuis trois jours, les souris dansent, le chat n'est plus là pour personne ! Hier soir au dîner, Bob s'est étonné de ne plus voir son matou préféré, « et il y a toujours ces vols dans ma cuisine ! Hier deux carottes et une endive, avant-hier de la laitue et une pomme ! Incompréhensible. »

– 3, 2, 1, partez !

Hop, la première étoile c'est fastoche, il suffit de se laisser glisser, de faire de belles boucles, de jolis virages, et de se laisser glisser encore !

– Brune ! Bravo, tu as ta première étoile !

C'est au tour d'Alex de s'élancer.

– Regarde-moi, m'a-t-il dit, je vais frapper un grand coup.

Il s'élance, et il faut bien le reconnaître, il est très fort. Il dessine de magnifiques courbes, des virages bien serrés, les skis presque collés… Il m'énerve, il m'énerve, mais il faut reconnaître qu'il est fort ! Au moment de passer devant le prof et de finir sa démonstration, il réussit à se mettre en « marche arrière » et c'est tournant le dos à la pente qu'il passe en souriant devant Éric.

– Bravo ! Alex, tu as ta première étoile ! Mais arrête-toi et ne t'éloigne pas trop.

Le seul problème c'est qu'Alex ne réussit pas à se remettre dans le bon sens et qu'il commence à accélérer ! Il file maintenant à toute vitesse ! Il a beau battre des bras et agiter ses bâtons, rien n'y fait ! Il accélère toujours !

– Maman !

Alex crie aussi fort qu'il le peut, mais cela ne le ralentit pas pour autant.

– Mais ce n'est pas vrai, soupire Éric en se lançant à la poursuite d'Alex, qu'est-ce que j'ai fait au ciel pour mériter ça !

Il fonce tout en lui criant quelques précieux conseils :

– Laisse-toi tomber ! Freine !

Il hurle aussi pour avertir les autres skieurs du danger qui arrive !

Alex est maintenant lancé à toute vitesse. Il a fini par fermer les yeux et continue à appeler maman, ce qui, reconnaissez-le, est parfaitement inutile ! Là où elle est, maman ne risque pas de l'entendre !

Éric finit par arriver à sa hauteur, il tente d'attraper Alex, mais à chaque fois, un skieur l'oblige, au dernier moment, à faire un détour... Alex file toujours ! Et tout à coup, Alex sort de la piste et disparaît dans la forêt !

– Oh non ! dit madame Latour restée avec nous. Il va rentrer dans un arbre !

Éric, après avoir hésité, se lance lui aussi dans les bois. Et puis plus rien, plus un bruit, plus un son, plus d'Éric, plus d'Alex, personne ne ressort du bois !

– Ils ont dû tomber sur un loup et être dévorés tout cru !

– Bryan ! Arrête ! C'est mon frère !

– Tu devrais peut-être dire « c'était » ! Pas sûr qu'on retrouve tous les morceaux !

En fait, il y a bien tous les morceaux. Quand nous arrivons au bord de la forêt, nous déchaussons nos skis et nous nous aventurons prudemment entre les sapins. Il n'est pas nécessaire d'aller très loin. Passées les trois premières rangées d'arbres, il y avait une petite clairière avec au milieu un énorme tas de neige ! Un tas haut comme deux hommes et gros comme deux bus ! Et au milieu de ce tas, deux ombres noires, deux marques, deux silhouettes dessinées dans le blanc ! Enfoncées d'un bon mètre. D'un côté Éric, les bras écartés, le nez dans la poudre, de l'autre Alex, dont seuls dépassent deux gants et un ski ! Les deux sont extraits sur-le-champ de leur prison de neige. Nous voilà maintenant avec deux statues toutes blanches. Immobiles, muettes et claquant des dents !

Quelques minutes plus tard, nos deux cascadeurs sont assis à la terrasse du café le plus proche, un chocolat chaud entre les mains.

– J'vais prendre des vacances, j'vais prendre des vacances, j'vais prendre des vacances...

Éric, le regard dans le vague, ne cesse de répéter la même phrase. À côté de lui, Alex se gratte la tête, se touche un bras, puis l'autre, regarde ses pieds puis ses mains ! Il n'en revient toujours pas d'être entier !

– Oh, non ! Ça recommence !

Juste devant nous, un skieur passe en marche arrière ! Alors, se levant d'un bond et chaussant ses skis en grommelant, Éric disparaît en criant qu'il quitte la montagne et qu'il va devenir éleveur d'escargots en Bourgogne !

L'après-midi nous profitons de nos dernières heures de ski et puis il faut rentrer, enlever ses chaussures pour la dernière fois, rendre ses skis, leur dire au revoir...

– Moi y a une chose qui va me manquer, dit Bryan, c'est l'odeur des chaussures le soir après le ski ! C'est tellement bon !

Il est vraiment bizarre, Bryan !

CHAPITRE 15

Un départ pour rester

Où l'on se dit qu'une voix, ça se reconnaît entre mille, que oui les surprises existent, que peut-être le ski continue, que vraiment pour une surprise, c'est une surprise.

– Brune !

– Hein ?

– Brune ! Réveille-toi, c'est l'heure !

Ce matin, le réveil sonne très tôt ! Il faut finir ses valises, ranger sa chambre, avaler son petit déjeuner et prendre le car ! Inferno ne me quitte pas d'une semelle. Il regarde mon sac avec les yeux pleins de larmes.

– C'est rare ma p'tite, ce chat il est mauvais comme la gale, teigneux comme la peste et râleur comme un pou, il n'aime personne ! Mais vous, je ne sais pas pourquoi, mais il vous aime bien ! dit Bob, soucieux.

Je sais moi pourquoi il m'aime bien ! Et dans mon sac je sais que Mozart lui aussi est très triste de quitter son ami matou !

Les yeux sont rouges et piquent un peu. Bien sûr, il y a la nuit qui a été trop courte, mais surtout, il y a la tristesse qui monte à l'idée de quitter la montagne. Maintenant que nous sommes tous dehors dans le froid, à charger nos valises dans le car, il faut bien se rendre à l'évidence, c'est fini ! Nous rentrons !

– Bonjour Brune, bonjour Alex !

Et là, il y a cette voix ! Une voix qui n'aurait pas dû être là, une voix qui fait frissonner, la voix qui aime, la voix qu'on aime. Je me retourne et là, juste derrière moi, il y a maman !

– Mais qu'est-ce que tu fais là ?

Et derrière maman, il y a papa et Charlotte et Aude et Basile, il y a toute la famille !

– Mais qu'est-ce que vous faites là ?

– Papa a été invité pour un salon du livre pas très loin d'ici. Du coup, nous avons décidé d'arriver quelques jours plus tôt et de les passer avec vous à skier ! Nous avons loué un petit appartement juste à côté ! Allez, vous dites au revoir à vos camarades qui repartent et nous allons vous installer. Nous, nous sommes arrivés hier !

– Super ! crie Alex en sautant partout. Je vais encore être meilleur que meilleur à ski !

Nous disons au revoir à nos professeurs, à nos amis, à dans quinze jours, à la fin des vacances, et nous regardons le car s'éloigner.

– Allez, on file à l'appartement et on prend un solide petit déjeuner avant d'aller skier !

Papa attrape nos valises, Alex la poussette, et en avant !

– Brune, me dit maman pendant le trajet avec une voix soudain devenue plus grave, il faut que je te parle ! Pendant ton absence, il est arrivé quelque chose ! Une chose triste ! C'est au sujet de Mozart !

– Justement maman, moi aussi, il faut que je te parle !

– Laisse-moi finir, s'il te plaît ! Mozart a disparu, et...

– Je sais maman !

– Tu sais ? Mais comment le sais-tu ?

Alors j'ouvre mon sac et je montre à maman Mozart qui dort à l'intérieur, bien à l'abri, dans sa boîte en carton.

– Ah ! Bah ! Alors !

Maman reste d'abord sans voix, puis elle sourit, elle passe le bras sur mon épaule, elle me serre contre elle.

– Je suis contente pour toi, et aussi pour Mozart, ça me faisait de la peine qu'il ait disparu !

– Voilà, c'est là ! dit papa en ouvrant la porte, c'est notre appartement !

– Super ! Mais elles sont où les chambres ? demande Alex.

– Là ! dit maman en ouvrant une porte.

– Heu... Là, il y a une chambre, avec vos affaires ! Mais les autres chambres, les nôtres ? Elles sont où ?

– Là !

Cette fois c'est papa qui du doigt désigne deux lits à étages qui occupent la moitié du couloir.

– Là, c'est votre chambre ! Mais c'est aussi, le salon, la cuisine, l'entrée, la salle à manger, le couloir ! Voilà, vous dormez dans ce lit-là !

À la montagne tout est grand, le ciel qui n'en finit pas, les pistes sur lesquelles on peut se perdre, les montagnes qui touchent les nuages, les sapins qui tutoient les sommets, tout est grand, sauf les appartements !

– Mais papa, ce n'est pas un appartement, c'est… c'est… En fait, je ne sais pas ce que c'est !

– C'est « un deux pièces cabine pour six », du moins, c'est ce que disait l'annonce !

– Mais non papa ! C'est un placard ! Un placard à balais ! Mais il est tellement petit que les balais sont partis, ils se sentaient trop serrés, alors ils en ont fait un placard à skis ! C'est ça, conclut Alex, c'est un placard à skis dans lequel dorment aussi des skieurs ! Comme ça, c'est plus pratique ! Est-ce qu'on est obligé d'enlever ses skis pour dormir ?

– Arrête de râler, dit Charlotte, tu vas voir, c'est super ! Toi qui n'aimes pas te fatiguer, ben ici, si tu tends les bras tu peux tout attraper sans te déplacer ! Tu peux en même temps te laver les dents, te coucher, faire la vaisselle et être sur le balcon ! Tu vois, c'est pas si mal !

– C'est vrai, vu comme ça.

L'installation est donc super rapide ! Pas de place pour vider les valises, pas de place pour étaler ses affaires et donc, rien à ranger !

– Alors là, si en plus il n'y a rien à ranger, moi ça commence à me plaire ! dit Alex.

Le dernier à visiter notre palais des neiges est Mozart. Je le sors de sa boîte où il doit quand même se sentir bien à l'étroit et je le pose par terre pour qu'il se défoule un peu.

– Mais qu'est-ce qu'il fait là ? demande papa.

– Je t'expliquerai, dit maman.

– Mais c'était lui le rat ? demande Alex.

– Je t'expliquerai, lui dis-je.

Mozart, de son petit pas, trottant, trottinant, sautant, sautillant, remuant son derrière tout rond, fait le tour des lieux en deux minutes. Il revient vers moi et me regarde d'une drôle de façon. « Mais comment allez-vous faire pour survivre dans cet endroit à peine plus grand que ma cage ? » semble-t-il dire.

CHAPITRE 16

En piste !

Où l'on skie en famille, ou l'on apprend à faire la différence entre la concentration et la souffrance, où l'on découvre que papa est super concentré !

Pour skier, il faut des skis ! C'est pour ça que, la dernière tartine avalée, nous filons chez le loueur de matériel. Une demi-heure plus tard, nous sortons tous, skis sur l'épaule, chaussures aux pieds, bâtons à la main ! Prêts !

Avant de nous envoler pour les sommets et d'attaquer nos premières descentes, il faut déposer Aude et Basile au jardin des neiges, et Charlotte à l'école de ski !

– Mais pourquoi je ne peux pas rester avec vous ?

– Parce que tu ne sais pas skier, dit papa, et qu'il faut bien apprendre ! Les après-midis, tu resteras avec nous, mais le matin, tu prends des cours ! Tiens, regarde, voilà ton moniteur, il a l'air très sympathique !

– Bonjour les enfants ! Je suis Éric, votre moniteur ! Vous allez passer la matinée avec moi. Nous allons rapidement faire connaissance et vous verrez, tout se passera bien.

– Bonjour Éric !

Avec Alex, nous n'avons pu nous empêcher de saluer celui qui a été notre moniteur, mais curieusement quand il nous voit, cela ne semble pas lui faire plaisir !

– Vous faites partie de mon groupe ? demande-t-il, inquiet.

– Oh non, dit Alex, nous on va skier avec nos parents, c'est Charlotte notre petite sœur qui prend des cours !

Alors Éric regarde Charlotte, Charlotte sourit à Éric, Éric nous regarde, Alex et moi, nous sourions à Éric, Éric regarde les parents, qui eux aussi à leur tour sourient à Éric, ils sont plutôt bien élevés nos parents et gentils en plus, mais Éric, lui, ne sourit plus du tout. Il s'agenouille devant Charlotte et la regarde bien droit dans les yeux :

– Tu me promets de ne pas faire comme ton frère ! Tu me jures de rester près de moi, de faire exactement ce que je demande, de ne pas sauter sur les toits des restaurants, d'éviter les pistes noires, de ne pas skier en marche arrière, de ne pas disparaître en forêt, d'éviter les tas de neige… Tu me promets tout ça ?

– Euh… Oui, je veux bien promettre !

Charlotte n'a pas le temps de finir sa phrase, Éric se relève il se tourne vers les parents et leur dit :

– Je veux bien essayer ! Mais je ne promets rien ! Je ne sais pas si j'ai encore la force… Mais je vous jure que je vais essayer ! Allez les enfants, on y va, suivez moi !

Et Éric s'éloigne, des larmes dans les yeux, et une bande de poussins malhabiles à sa suite.

– Tu lui as fait quoi ? demande maman à Alex.

– Suivez-moi, je connais le domaine par cœur ! répond Alex en s'éloignant sans répondre à la question.

Skier avec ses parents c'est vraiment super !

Skier avec maman, c'est ne voir que son dos, elle file comme le vent, elle glisse, elle vole. Elle s'arrête pour me regarder et me donner des conseils, skier avec maman, c'est se prendre pour un petit courant d'air qui flotte, léger.

Skier avec papa c'est différent.

– Attendez-moi ! Et puis non, ne m'attendez pas ! J'arrive !

Papa est plus lent, le plus souvent, c'est lui qui nous voit de dos. Papa n'est pas très sportif, en fait il ne fait jamais de sport, alors sur ses skis, on dirait un éléphant de mer qui pousse un chariot dans un supermarché, un aigle royal qui joue du violon à l'Opéra ou un porte-avion qui tente de se garer dans une piscine ! Il a l'air de beaucoup souffrir !

– Mais non, mais non, je ne souffre pas ! Je me concentre !

Et papa se concentre toute la matinée. De temps en temps, quand on le regarde faire des grimaces à chaque bosse ou à chaque virage, on se dit que la concentration, ça doit quand même faire drôlement mal.

L'après-midi, nous récupérons Charlotte. Elle est ravie de sa matinée.

– Ça s'est bien passé avec Éric ? demande maman.

– Super ! Il est génial ! Il m'a juste demandé si Alex était toujours « comme ça » à la maison. Mais moi je ne sais pas trop ce que ça veut dire « comme ça ». Alors je lui ai dit que oui, et là, il a fait une drôle de tête.

Avec Charlotte nous skions moins vite, du coup papa a l'air beaucoup moins « concentré ». Mais c'est quand même lui qui demande grâce le premier.

– Bon, dit-il, je crois que pour une première journée, c'est bien ! Il ne faut pas abuser des bonnes choses, je suis sûr qu'il y a des petites jambes qui sont fatiguées ! Je crois que nous devrions rentrer !

– Non, encore une piste, et puis moi je crois surtout qu'il y a des grandes jambes qui sont fatiguées, pas des petites ! dit Charlotte en riant.

À la station, on retrouve Aude et Basile, eux aussi ils ont commencé le ski, mais sur terrain plat et avec des skis taille poux, puces, moustiques, microbes, des skis qu'il faut mettre avec une loupe pour être sûr de bien les voir. Les deux sont ravis, ils parlent sans arrêt entre eux dans cette langue étrange qu'ils sont les seuls à parler et surtout, à comprendre.

– C'est du Basilaude, dit papa, une langue nouvelle !

– J'espère que ça ne sera jamais une langue obligatoire à l'école, dit Charlotte parce que, ça a quand même l'air drôlement compliqué.

Dans la rue principale de la station est organisé le concours du plus beau bonhomme de neige.

– Allez, on participe, on participe !

Charlotte bat des mains et commence déjà à entasser la neige. Arrive alors un monsieur qui nous explique les règles.

– Vous avec une heure pour faire le plus beau bonhomme. À la fin, un jury passe et il y a des cadeaux magnifiques à gagner ! Toute la famille a le droit de participer.

Il nous donne alors un sac dans lequel on trouve des accessoires pour personnaliser notre œuvre, carotte, chapeau, morceaux de charbon, branchages et autres vieux gants et écharpes, tout y est !

– Bonne chance, nous dit-il en s'éloignant.

– Moi je n'aime pas les bonshommes de neige, c'est moche, c'est froid, c'est long à faire et en plus j'ai froid, j'ai faim, j'veux rentrer !

Alex a décidé de râler, une des choses pour lesquelles il est le plus doué au monde, juste après les chatouilles et la trouvaille de bonnes excuses pour ne pas aider à mettre le couvert.

– Allez, aide-nous !

– Non ! Non ! Et non ! Je n'aide pas, je ne participe pas, je ne suis pas là ! Moi, ce que je veux c'est rentrer et me mettre au chaud !

De leur côté, les jumeaux sont à fond ! Ils poussent, entassent, ramassent, creusent, déplacent, font des boules, des tas des tas de boules, ces deux-là ont trouvé leur élément, ce sont des enfants de la neige !

Petit à petit, le tas prend forme. Une grosse boule pour le corps, une plus petite pour la tête, c'est un peu de travers, mais cela commence à ressembler à quelque chose. En fait, on ne sait pas très bien à quoi cela ressemble, mais ce n'est pas grave, on s'amuse beaucoup ! Papa tente de modeler un semblant de visage à notre monstre, tandis que maman lui plante des cheveux en branche de sapin. Charlotte et les jumeaux sculptent des chaussures et, de mon côté, je m'évertue à faire tenir les gants sur deux morceaux de bois qui sont censés être des bras !

– Il est magnifique, dit enfin papa en reculant un peu.

– Ce n'est peut être pas le mot, dit maman, mais c'est vrai qu'il est... vraiment très... Qu'il a du... enfin je crois que l'on peut dire qu'il est unique ! C'est ça, il est unique !

– Heureusement qu'il est unique, dit Alex, parce qu'il est moche ! Il est même super moche, moche de chez moche et remoche ! Vous ne gagnerez pas le concours avec ça, c'est sûr ! Vous serez même les derniers, mais moi ça m'est égal parce que je n'ai rien fait ! Je veux rentrer !

Un peu plus loin, le jury commence à s'avancer le long des candidats pour choisir le lauréat. C'est quand même un peu vrai que si on regarde bien notre bonhomme, il a une drôle de tête, mais j'en suis super fière !

Je crois que c'est au moment où j'éprouve ce sentiment de fierté que le paquet de neige tombe du toit ! Un gros et beau paquet de poudreuse, bien fraîche, qui chute droit sur Alex ! Le transformant en un instant en un magnifique bonhomme de neige !

C'est aussi juste à ce moment-là que le jury arrive à notre hauteur. Et là, miracle !

– C'est magnifique !

– Quel naturel !

– On dirait qu'il va parler, qu'il va bouger !

– Bravo ! conclut celui qui a l'air d'être le chef, bravo ! Vous remportez haut la main ce concours ! Permettez, dit-il et, sans attendre de réponse, il prend en photo ce pauvre Alex recouvert de neige, ce pauvre Alex qu'ils ont pris pour notre... bonhomme de neige !

Dès qu'ils se sont éloignés, nous dégageons Alex qui est moitié bleu, moitié rouge et qui roule des yeux comme des billes en disant juste « froid, froid, froid », le tout rythmé par un très joli claquement de dents !

En arrivant dans notre placard à skieurs, nous décongelons Alex. Faute de four à micro-ondes assez grand, papa et maman le plongent dans un bain bien chaud. L'effet est immédiat, puisque dix secondes après le début de l'opération, on l'entend déjà râler en disant que c'était nul le concours, que lui il voulait rentrer et patati et patata !

Pendant qu'Alex continue à pester, papa et maman déballent le cadeau des vainqueurs, et les vainqueurs, c'est nous !

Il y a plein de spécialités culinaires locales, des fromages qui puent ou pas, des saucissons, au poivre ou pas, et du vin, pas pour vous, dit papa.

Quand il sort de la salle de bains, Alex voit les victuailles.

– C'est moi qui ai gagné tout ça ?

– Ah non, mon petit Alex, dit maman, ce n'est pas toi, toi tu ne participais pas ! Non, ça, c'est nous !

CHAPITRE 17

Les premiers seront les derniers

Où l'on tombe en famille, où l'on attend en famille, où l'on se dit que c'est beau la vue, mais que quand même, faut pas abuser des bonnes choses.

Le lendemain, c'est reparti ! Nouvelle journée de ski, nouvelle journée sur les pistes.

– Qui a la crème solaire ?

– Qui veut du baume pour les lèvres ?

Assis sur les télésièges, on a toujours du temps pour se refaire une beauté. Maman en profite pour passer un ou deux coups de téléphone professionnels, papa se repose,

Alex et moi nous hurlons les chansons qui nous passent par la tête. J'aime bien les télésièges.

Ce matin, papa a décidé d'aller plus vite !

– Je suis chaud maintenant ! Vous allez voir ce que vous allez voir !

En fait, on ne voit rien, on pourrait voir quelque chose, mais il faudrait se retourner et regarder loin derrière ! Alors on ne voit rien.

– Je sens que je fais des progrès, dit papa, je sens très nettement que je vais plus vite !

– Super papa, mais je crois que tu es bien le seul à le sentir ! dit Charlotte.

– C'est bien chéri, mais ne tarde pas trop et pars devant nous, on te rattrape ! dit maman.

Et ça marche à tous les coups, on le rattrape, on le dépasse et on le perd de vue.

Quand papa arrive en bas, il est tout rouge, essoufflé, il grimace, il est magnifique comme un naufragé qui atteint la plage et à chaque fois, il entend maman, Alex ou moi qui disons : « Allez, on y retourne tout de suite, faut pas perdre de temps ! » C'est sûr qu'on ne perd pas de temps, mais au rythme où on va, on va perdre papa !

Heureusement, de temps en temps, les télésièges s'arrêtent au beau milieu de leur trajet. Nous voilà suspendus entre ciel et neige, nous balançant, doucement bercés par le vent.

– Je n'aime pas ça, dit papa.

– Vous me réveillez quand on arrive, dit maman.

– Et si on était coincés là pour toute la journée ! dit Alex.

– Et la nuit ! ajoute Charlotte.

– Et même qu'on deviendrait des glaçons et que les pompiers viendraient nous chercher en hélicoptère ! ajoute Alex.

– Taisez-vous ! dit maman.

– Je n'aime pas ça, dit papa.

– …

Il y a un silence, mais court ! Dans la famille, les silences ne sont jamais très longs. Depuis l'arrivée des jumeaux, le silence le plus long chronométré a été de vingt-huit secondes et trois dixièmes, mais ce n'est arrivé qu'une fois, et parce qu'Alex était chez un copain !

– Dis papa, tu crois que Dieu fait du ski ?

– Tu peux préciser ta pensée ?

– La neige, elle vient du Ciel ?

– Oui !

– On dit que Dieu, le paradis tout ça, c'est au Ciel ?

– Euh... Oui, bien sûr, mais c'est une...

– Donc, continue Charlotte sans laisser papa finir, donc est-ce que là-haut, il y a Dieu qui se promène à skis et les anges qui font des sauts sur des bosses ?

– Je ne crois pas, je pense que...

– Tu vois, moi je pense que Dieu, il aime bien le ski. Bon, en même temps faire du ski avec sa grande robe blanche, ça ne doit pas être facile ! Papa ?

– Oui ?

– Tu crois que Dieu il a une combinaison de ski ? Peut-être qu'il ne la sort jamais quand il y a des photographes ou des peintres ? Tu crois qu'il préfère les pistes de quelle couleur ? Et est-ce qu'il y a des moniteurs là-haut ?

Heureusement pour papa, le télésiège repart et Charlotte oublie ses questions.

– On fait la course ? demande Alex arrivé en haut.

– D'accord, mais il faut que ce soit équitable ! dit maman. Alors je propose que Charlotte parte en premier, puis derrière Brune, puis Alex, et enfin, je partirai en dernière.

– Ben et moi ? demande papa. Et moi alors, je n'existe plus !

– Mais pas du tout chéri. Mais j'ai pensé que tu devais être fatigué ! Que peut-être tu préférerais rester à l'arrière pour surveiller que tout va bien...

– Mais non ! Mais il n'y a pas de raison pour que je ne participe pas ! Alors, les enfants, ce que je propose c'est que je parte juste avant maman !

– Oh, non ! Ce n'est pas juste !

– Que se passe-t-il Charlotte ? Tu as peur que je batte maman ?

– Mais non papa ! Pas du tout ! Il n'y a aucun risque ! Mais, si tu ne veux pas être ridicule, enfin si tu veux avoir une chance de ne pas perdre, parce que papa il faut être lucide, gagner pour toi, c'est juste impossible... Il faudrait que tu partes avec moi ! Et encore, même moi je suis capable de te doubler !

– Mais, je suis aussi nul que ça ?

– Oh non papa ! Tu n'es pas nul !

– Ah merci Brune !

– Non, papa, tu n'es pas nul... Tu es pire. Tu es vieux ! Tu te traînes, tu es la tortue des pistes !

– Mais c'est pas grave papa, on t'aime quand même !

Devant sa tête, je me dis qu'il faut remonter le moral de papa.

– Bon, OK, on arrête de parler pour rien et on y va ! Je pars juste avant maman, et vous verrez bien ce que vous verrez !

On fait comme papa a dit, mais on ne voit pas ce qu'il voudrait que l'on voie ! En fait, cette fois encore, on ne voit rien, on attend beaucoup et longtemps après tout le monde, papa arrive.

Le reste de l'après-midi, il ne dit pas un mot. On voit bien que sur les pistes il se concentre encore plus que d'habitude… Papa a une revanche à prendre.

Le soir dans notre placard multilits, notre armoire habitable, notre réduit pour skieurs, nous dégustons les spécialités du colis gagné au concours d'hier ! Un repas léger et équilibré. Une raclette avec plein de fromage fondu sur des pommes de terre et du jambon, une fondue avec plein de morceaux de pain trempés dans du fromage fondu, et puis plus rien, plus faim.

Nous nous couchons avec l'impression d'être lourds comme des ours avant d'hiberner et avec la soif d'un volcan au réveil.

Durant toute la soirée, papa reste concentré, le sourcil froncé, l'œil mi-clos. De temps en temps, il jette un coup d'œil complice vers ses chaussures de ski.

– Tu crois qu'il va se remettre de sa défaite ? me demande Alex une fois couché.

– Je ne sais pas ! On verra demain, dors !

Cette nuit-là nos rêves sont hantés par des odeurs de fromage fondu.

– J'ai fait un rêve étrange, dit Charlotte au petit matin. J'habitais dans une chaussure, une immense et vieille chaussure !

CHAPITRE 18

L'envol du champion

Où l'on voit des choses que l'on croyait ne jamais voir, où l'on se pose des questions sur les effets du fromage, où l'on se dit qu'il ne faut pas réveiller l'escargot qui dort !

Ce matin, papa se réveille avec un air de requin qui vient de trouver un banc de thons sortis sans gardes du corps. Il a le regard d'Attila devant une ville à piller, il est en forme !

– Allez les enfants, on ne perd pas de temps ! Il fait beau, on y va ! Les skis nous attendent, la vitesse a besoin de nous ! La neige nous réclame !

– Qu'est-ce qui lui prend ?

– Je sais pas, dit maman en finissant d'habiller Aude, on dirait qu'il a mangé du lion !

– Je dirais plutôt du Yéti ! dit Alex.

– Les enfants, faut me le surveiller, chuchote maman. Il est à deux jours de sa dédicace, il faut me le garder en bonne santé ! Ce n'est pas le moment de se casser une jambe.

Pour ceux qui n'auraient pas suivi depuis le départ, le métier de papa, c'est de dessiner dans les livres pour enfants. Mais là, pour la première fois, il a écrit un roman. Et s'il est venu à la montagne, c'est qu'il est l'invité d'un salon du livre qui a lieu pas loin d'ici. Il doit y recevoir un petit prix et surtout, y dédicacer son livre. Voilà pourquoi maman est un peu inquiète.

Dès notre arrivée sur les pistes, papa nous abandonne.

– Je vais m'entraîner un peu, je vous retrouve ici dans deux heures ! Il faut que je me dérouille.

– Je n'aime pas ça ! dit maman.

Plus tard dans la matinée, on le croise qui file comme un bolide. Ce n'est plus le même papa. Il a les jambes bien pliées sur ses skis, il est bien penché en avant et il va comme le vent !

– Je n'aime pas ça du tout ! dit maman.

Un peu plus tard, il repasse devant nous, encore plus vite, mais cette fois-ci, il est en train de faire la course avec un moniteur !

– J'aime de moins en moins ça ! dit maman.

À l'heure dite, papa nous retrouve à l'endroit convenu.

– Je suis prêt ! dit-il.

– À quoi ? demande maman. Prêt à quoi ?

– Ben, à prendre ma revanche ! Maintenant que je suis chaud, je te propose une course sur la piste rouge qui est au-dessus. Départ en même temps, le premier arrivé a gagné ! Chiche ?

Maman a l'air perplexe, elle regarde papa comme si elle ne l'avait jamais vu. Se pourrait-il que le fromage n'ait pas été frais ? Y a-t-il déjà eu des cas de folie déclenchés par un abus de raclette ? L'air de la montagne est-il en train de lui faire perdre la raison ? se demande-t-elle.

– OK ! On y va !

Voilà, c'est parti, le défi est lancé !

Les voilà bientôt côte à côte en haut de la fameuse piste rouge !

– Faut pas rater le tournant à mi-pente, dit Alex, sinon, ce n'est pas bon, pas bon du tout !

Mais plus personne ne l'écoute. Papa et maman sont maintenant concentrés et prêts à partir. C'est moi qui ai été désignée pour donner le signal.

– Attention… 5, 4, 3, 2, 1, 0, partez !

Ils partent. Au début, nous essayons de les suivre, mais très vite, nous ne voyons plus que deux points qui filent au lointain…

Papa est parti plus vite, impossible de reconnaître dans ce skieur fou le papy pépère qui jusque-là traînait derrière nous. Maman, de son côté, fait quelques efforts pour ne pas être distancée, elle garde son allure impeccable, elle skie comme coule une rivière.

– Vite, il faut les rattraper ! me dit Alex.

À un endroit, nous bénéficions d'un bon point de vue et, de là, nous pouvons les observer se poursuivre, papa devant, puis maman, puis papa qui double puis maman qui se ressaisit ! Ils sont drôlement forts !

Et puis plus rien, plus possible de les voir, il faut à notre tour descendre, mais beaucoup plus lentement.

Alex avait bien dit que le danger, c'était de rater le tournant à mi-pente… Il n'avait pas tort !

C'est là qu'on les trouve ! Maman accroupie près de papa qui est allongé dans la neige !

Quand nous arrivons, il n'a pas l'air d'aller trop mal, il nous fait même un petit sourire. Mais quand on voit son bras droit, on comprend qu'il y a un problème.

– Dis donc, me dit Alex, on dirait qu'il a deux coudes sur un seul bras ! C'est normal, tu crois ?

– Chut, dit maman, en se retournant, ce n'est pas grave, c'est juste cassé ! Mais rien de très sérieux ! Et puis en plus, coup de chance, c'est le bras droit ! Pas grave pour un gaucher !

Plus le temps passe, plus papa semble avoir mal. Heureusement, le docteur que maman a appelé avec son téléphone portable, arrive très vite.

– Monsieur ? Monsieur, vous m'entendez ?

– Je vous entends très bien, d'autant mieux que vous êtes, en train de crier dans mon oreille ! répond papa avec l'à-propos qui est le sien.

– Pouvez-vous me dire quel est votre prénom ?

– Nicolas !

– Bien ! (Le docteur continue à crier sur papa comme s'il était à 500 mètres de lui), je vais vous faire une piqûre pour diminuer la douleur et puis vous serez transporté jusqu'à l'hôpital.

– Piquez-moi avec ce que vous voulez, mais cessez de crier, je vais finir sourd en plus d'être manchot !

– Je vous préviens, continue le docteur, la piqûre peut avoir des effets curieux. Souvent les gens se mettent à dire un peu n'importe quoi. Il ne faut pas s'étonner, dit le docteur en nous regardant. Et voilà, c'est fait !

Très rapidement, papa se détend, on voit à son visage qu'il n'a plus mal. Et soudain, pendant que le docteur commence à s'occuper de son bras, il nous regarde fixement :

– Oh, des crapauds ! Des crapauds à skis, c'est inattendu ! Madame, dit-il en regardant maman, je ne saurais trop vous conseiller de prendre le prochain bateau, celui que je vois poindre derrière vous, si vous ne voulez pas être avalée par ces curieux batraciens !

– C'est normal ? demande maman au docteur.

– Je vous avais prévenus !

– Oui, mais à ce point-là !

– C'est vrai que j'ai peut-être un peu forcé la dose, dit le docteur. Il pèse combien votre mari ? 85-90 kilos ?

– Plutôt 70 !

– Ah ! Alors c'est pour ça ! Ce n'est pas grave, mais il est clairement en surdose. Il risque de voir des choses assez… assez colorées !

– Soyez assez gentil pour demander à l'ours qui s'évertue à me manger le bras de bien vouloir quitter mon palais !

Papa semble effectivement ne plus être sur la même planète que nous.

– Oh, mais c'est là mon carrosse qui s'avance ! Je vais devoir vous laisser ici, simples mortels ! Je m'en vais maintenant vers des cieux plus cléments où m'attendent festins et lit douillet !

Au moment où papa finit sa phrase, son carrosse vient effectivement se présenter. Un hélicoptère commence à descendre non loin de nous.

– Oh, mais c'est sur le dos d'une abeille que je m'envole !

Papa ne croit pas si bien dire ! De l'hélicoptère descend une sorte de nacelle dans laquelle il est installé.

– Vous venez avec moi, brave ours ? demande papa au docteur.

Bientôt l'hélicoptère s'élève dans le ciel et papa est suspendu en dessous, avec, accroché à ses côtés, le docteur qui lui aussi se retrouve suspendu dans les airs.

Mais ce que ce brave docteur ne sait pas c'est que papa a le vertige ! Il l'a même beaucoup, et ce n'est pas une petite dose de tranquillisant qui va le lui faire perdre !

Alors tandis qu'il s'élève dans les airs, papa pousse un long cri de désespoir ! Dans toutes les montagnes environnantes, sur toutes les pistes du domaine, résonne le cri terrible d'un papa accroché dans le vide !

– Je vais mourrrrrriiiiiiiiiirrrrrrrrrrrr !

Et il disparaît en direction de l'hôpital !

CHAPITRE 19

Des chutes en stock

Où l'on voit qu'il faut se méfier de tout, de la neige, mais pas que ! Où l'on se dit qu'il est heureux de n'avoir que deux bras, où l'on regarde les jambes de papa comme des choses précieuses et fragiles et où l'on se demande bien comment faire l'après-midi.

Avec maman, on va voir papa à l'hôpital le lendemain. Les docteurs ont bien travaillé, ils ont tout remis en place, mis du plâtre par-dessus, donné des petites pilules de toutes les couleurs à papa et le voilà comme neuf.

Quand nous arrivons, il nous attend, assis sur son lit, l'œil un peu flou.

– Ah, je suis content de vous voir !

Les jumeaux se précipitent dans ses bras, ou plutôt dans son bras et dans ce qu'il reste de l'autre.

– Je sors aujourd'hui de l'hôpital. Il n'y a aucun problème. Alors j'ai déjà tout mis dans mon sac, j'ai tout réglé, on y va, on file, on fuit !

Papa est très très pressé de quitter ces lieux.

Au beau milieu du couloir, soudain papa s'arrête, il pose son sac par terre, se tourne vers nous, nous regarde et nous demande :

– Hier, qu'est-ce qui s'est vraiment passé ? Je ne suis pas sûr de me souvenir de tout !

– Tu as fait la course avec maman !

– À ski ?

– Oui ! Et tu as presque gagné ! ajoute Alex, fier de son nouveau sportif de père.

– Presque gagné contre maman, c'est impossible ! Elle skie comme une déesse et moi comme un sac de pommes de terre ! Et ensuite ?

– Ensuite, a repris maman, tu as raté un tournant, j'ai tout vu, tu étais devant moi !

– J'étais devant toi ?

– Oui, et tu étais incroyablement rapide ! J'avais beaucoup de mal à te suivre. En fait, je ne te reconnaissais pas ! Et puis tout à coup, je ne sais pas pourquoi, tu t'es retourné, tu as commencé à faire des mouvements étranges avec les bras, tu es parti sur un pied, puis sur l'autre, puis tu t'es envolé ! Un beau vol d'ailleurs, du genre qui aurait fait rêver les pionniers de l'aviation ! Mais comme tu n'es pas un avion, tu t'es écrasé, tu t'es brisé une aile !

– Je ne me souviens pas ! Je me suis réveillé suspendu dans les airs, mais avant, je ne me souviens plus de rien ! La bonne nouvelle, c'est que pour la dédicace de demain, il me reste le bras gauche, le bon ! Allez, mauvaise troupe ! En route !

Papa est tellement content de filer, qu'il ne regarde pas où il met les pieds. C'est son pied gauche qui atterrit dans le seau de la dame qui nettoie le couloir. Ça fait « sploutch », quand le pied entre dans l'eau, puis « swiiiiiiitchhhhhhhhh » quand le seau se met à glisser, puis « blammm, vratch, plaf, boum, vrac, bang » quand papa dévale l'escalier avec le seau... Puis plus rien !

Avec maman, on va revoir papa à l'hôpital le lendemain. Les docteurs ont bien travaillé, ils ont tout remis en place, mis du plâtre par dessus, donné des petites pilules de toutes les couleurs à papa et le voilà comme neuf. Quand nous arrivons, il nous attend, assis sur son lit, l'œil un peu flou, et les deux bras dans le plâtre !

– Comment je fais ?

Papa nous regarde avec un air de chien qui a perdu son os. On dirait un père Noël à qui on vient de dire qu'il n'existe pas, un poisson rouge sans bocal !

– Comment je mange ?

– On te donnera la béquée, comme aux enfants, répond calmement maman.

– Comment j'écris, comment je dessine ?

– Tu attends !

– Je ne peux même pas me gratter le dos ! J'ai essayé, je suis tombé du lit ! Qu'est-ce que je vais devenir ?

– Un malade, très sage et patient ! Voilà ce que tu vas devenir !

– Je suis sensé dédicacer mon livre cet après-midi ! dit papa en montant ses deux bras immobilisés. Je peux bouger quelques doigts, mais pas tous, je suis incapable de tenir un crayon ! Comment je fais ?

Le trajet du retour vers l'appartement, studio-cabine, placard à skieurs et cage à lapins se fait en silence, quand soudain maman s'écrie :

– Voilà ! C'est ça la solution !

– Tu peux être plus clair ? demande papa à maman.

– Tu verras bien ! Allez, en voiture, mauvaise troupe ! Il est grand temps d'aller affronter les lecteurs de votre père ! Si jamais il y en a !

Et nous partons vers la petite ville voisine où se déroule le fameux salon du livre : « Livres et neiges ! »

CHAPITRE 20

Dédicace en plâtre

Où l'on se rend compte que sans bras, c'est difficile de dédicacer, où l'on comprend ce que travail de groupe veut dire, où l'un gribouille, l'autre écrit, le troisième et le quatrième colorient, le cinquième fait la promo !

Un salon du livre, c'est comme une grande librairie, sauf que derrière les piles de livres, il y a ceux qui les ont écrits ou dessinés. On peut y acheter des livres et se le faire dédicacer, l'auteur y écrit une phrase, un texte ou y fait un dessin. C'est tout l'intérêt d'un salon du livre, repartir avec de belles dédicaces ! Alors quand le responsable du salon voit papa arriver avec ses deux bras dans le plâtre, imaginez sa tête !

– Mais c'est très embêtant ça ! Vous allez écrire beaucoup moins bien sans bras !

Il faut reconnaître à cet homme une rare perspicacité !

– Ne vous inquiétez pas, dit maman, je gère !

– Je n'en doute pas, madame, mais là ! Les gens vont être très déçus !

Et l'organisateur pointe discrètement du menton les deux bras de papa suspendus à son cou, immobiles dans leur prison de plâtre.

Nous arrivons devant la table où papa doit s'installer. Des piles de son livre, un papier avec son nom, un verre d'eau, et déjà deux ou trois personnes qui attendent, et une chaise.

– Pourriez-vous nous apporter deux ou trois chaises de plus ? demande maman.

– Oui, mais...

– Alors, ce sera parfait ! Apportez-nous trois chaises et il n'y aura pas de problème pour les dédicaces !

Papa s'installe sur la chaise du milieu, Aude sur un genou, Basile sur l'autre, Alex se met à sa droite, je prends la gauche et je partage ma chaise avec Charlotte.

– Voilà, dit maman, c'est parfait ! Moi je vais aller faire un tour pour découvrir les livres des autres, vous, vous dédicacez en équipe ! Papa répond aux questions, Brune écrit, Alex dessine, Charlotte colorie et les jumeaux ajoutent des couleurs ! Je crois que vous êtes au point !

Et maman part se promener. Et notre premier « client » s'avance.

– Bonjour monsieur, c'est vous l'auteur ?

– Ouiiiii, répondent cinq voix.

– C'est vous, vous, demande la dame en montrant papa, ou c'est vous, dit-elle en nous regardant tous.

– C'est moi, moi ! dit papa.

– Oui, mais c'est un peu nous aussi, dit Alex, vu que c'est un peu notre histoire que raconte le livre ! Alors nous en sommes tous en quelque sorte les héros, à défaut d'en être les auteurs !

– Si vous voulez madame, ajoute Charlotte, je vous fais un beau dessin en première page !

– Et moi, je vous écris un joli poème, ajouté-je, ou autre chose si vous voulez !

– C'est très gentil, dit la dame. Pouvez-vous me le dédicacer pour mon fils, il s'appelle Alexandre !

– Comme moi, dit Alex ! Donc c'est moi qui écris le message !

– Attends un peu, dit papa, il faut réfléchir à ce que nous allons mettre !

Mais sans attendre, Alex se lance et, de son plus beau feutre bleu, il écrit :

« Pour Alexandre qui doit être un garçon formidable parce qu'il a un prénom de génie ! Ce livre qu'il va adorer parce qu'il raconte les aventures extraordinaires d'un super garçon qui lui aussi s'appelle Alexandre ! Signé Alex. »

– Ce n'est même pas vrai que ce sont tes aventures, dit Charlotte. Ce sont celles de toute la famille !

Et d'un geste vif, elle attrape le livre et de son plus beau feutre rose, elle ajoute :

« Même que ce n'est pas que la vie d'Alexandre qui est dans ce livre, il y a aussi une fille qui s'appelle Charlotte et qui est très gentille ! Signé Charlotte. »

À mon tour, je décide de mettre un mot, avec l'aide de papa cette fois-ci :

« Pour Alexandre, en lui souhaitant de bien s'amuser avec toute la famille et de passer un bon moment entre ces pages ! Signé papa et Brune ! »

Avec leurs feutres de toutes les couleurs, les jumeaux se chargent de décorer tout ça, façon feux d'artifice !

Un peu étonnée, la dame attrape son livre, elle regarde le résultat et sourit :

– C'est très beau ! dit-elle. J'adore !

Derrière elle, la file s'agrandit, attirée par les jumeaux qui font le spectacle et par ce curieux auteur qui écrit avec deux bras dans le plâtre.

Charlotte elle aussi prend les choses en main : de son côté, elle raconte à qui veut l'entendre qu'elle est l'héroïne de tout ça et que « bien sûr, cela me fait très plaisir de vous le dédicacer », pendant qu'Alex fait la même chose de son côté. Les livres passent à droite, puis à gauche, les feutres virevoltent, se baladent, écrivent, dessinent, en vert, en rouge, en bleu, jaune, violet, rose, tout y passe.

Quand maman revient, la foule est maintenant serrée devant nous. Alex est debout sur sa chaise, il tient un livre dans chaque main et harangue la foule ! De l'autre côté,

Charlotte essaie de crier plus fort et vante les aventures extraordinaires de « Super Charlotte », un livre à lire absolument pour devenir à son tour une vraie héroïne ! Les jumeaux donnent du crayon à tout va et papa, au milieu de tout ça, complètement dépassé, essaie de répondre aux questions que lui posent les futurs lecteurs !

À la fin de l'après-midi, il ne reste plus un livre à vendre ! L'organisateur du salon est ravi !

– Je n'ai jamais vu ça ! dit-il. Il faudra recommencer ! Revenez l'année prochaine ! Avec toute la famille bien sûr !

Papa est épuisé au fond de sa chaise, ses plâtres sont couverts de dessins au feutre faits pas Aude et Basile, mais il y en a aussi plein sa chemise.

Il est épuisé, mais ravi !

Puis c'est l'heure pour papa de recevoir le prix du roman jeunesse de l'année du festival « Livres et neiges », il est heureux et fier. Maman l'accompagne sur scène pour recevoir le prix, une sculpture en plexiglas, car il aurait un peu de mal à l'attraper.

Le soir, en rentrant à l'appartement, papa nous dit qu'il est drôlement content de s'être cassé les deux bras !

– Sinon, je n'aurais jamais eu l'idée de dédicacer comme ça, avec vous, et j'ai adoré ce moment !

Il ajoute :

– Et si quelqu'un voulait bien me gratter dans le dos, ce serait super !

CHAPITRE 21

Conclusion

Où l'on rentre à la maison, où l'on se dit que les playmobil ne doivent pas avoir la vie facile. Où l'on découvre qu'il faut se fier au nez de maman comme à celui du chien truffier ! Où l'on vous dit au revoir, et on l'espère, à bientôt !

Charger la voiture sans papa n'est pas une mince affaire. Ce n'est pas tant que ses bras nous manquent, mais ce sont ses commentaires incessants et ses conseils avisés qui finissent par énerver tout le monde.

– Noooon ! Pas comme ça ! Nooon pas ça là ! Ça ne va jamais rentrer ! Faites attention !

– Écoute, finit par dire maman, tu vas aller faire un petit tour dans la station, tu vas prendre l'air, te promener, et quand tu reviendras, tu verras, ce sera fini et tout tiendra dans la voiture !

Et quand papa revient, le miracle « maman » a eu lieu, tout est prêt !

Nous quittons la montagne avec un petit pincement au cœur. Le voyage se déroule sans encombre quand soudain, une odeur envahit la voiture. Une odeur terrible, une odeur effrayante, une odeur venue de nulle part ! Dans sa boîte, Mozart tourne en rond, il renifle puis il essaie de se boucher le nez avec ses pattes, je ne sais pas si vous avez déjà vu des pattes de cochon d'Inde, pas très pratiques pour se pincer un nez qui n'existe pas ! Alors, en désespoir de cause, Mozart éternue, sans arrêt.

– Il y a une fuite de gaz dans la voiture ! dit papa.

– C'est dangereux une fuite de gaz dans la voiture ? demande Charlotte.

– C'est hyper dangereux, répond Alex. Une fuite de gaz, c'est toujours hyper grave ! En fait, il paraît assez vraisemblable que nous allons exploser dans les minutes qui viennent !

Et, imperturbable, il ajoute :

– Passe-moi un bonbon à la fraise !

– Maman, c'est vrai qu'on va tous exploser ? demande Charlotte.

– Chérie, ton frère raconte n'importe quoi ! Il n'y a pas de gaz dans la voiture. Mais qu'est-ce que ça peut bien être ? Ça vient du fond du coffre !

Dans la voiture, cela devient bientôt irrespirable ! Maman finit par s'arrêter sur le bord de la route. Elle sort et ouvre le coffre, elle sent, renifle, hume, respire ! Elle soulève une valise, puis une autre, elle enlève un sac puis un autre, sort un à un les bagages si patiemment rangés et là, l'effroyable se produit !

– J'ai trouvé, ça vient de ce sac ! Alex ! Ça vient de ton sac ! Qu'est-ce que c'est ?

Alors Alex devient tout blanc, lui qui a pris de si belles couleurs en skiant !

– Je sais ce que c'est !

– Ha ! C'est quoi ?

– Un fromage acheté à la ferme pendant le séjour avec la classe ! Il est resté au fond du sac !

– Mais pourquoi ça n'a pas senti dans l'appartement ?

– J'avais mis le sac sur le balcon... Justement pour éviter ça... Mais ce matin, en le reprenant, j'ai oublié !

Voilà, maman remet tout dans la voiture, la voiture repart, les vacances sont finies !

Pour le fromage, c'est papa qui a l'idée. Dans la voiture, il y a toujours du gros ruban adhésif gris qui colle très fort et qui colle à tout :

– On ne sait jamais, dit papa, ça peut toujours servir !

Et bien là, ça sert ! On met le fromage dans un sac plastique, on le scotche sur le toit de la voiture et du coup, grâce au gros scotch gris, la voiture n'explose pas.

La semaine prochaine, les cours reprennent, on ira voir les cousins, déjeuner chez les grands-parents, on recevra d'autres lettres de Papy, et qui sait, peut-être que nous nous retrouverons pour la suite des aventures de la famille Saint-Arthur !

Les folles AVENTURES de la famille SAINT-ARTHUR

Déjà parus :

TOME 1

mame

Les folles
AVENTURES
de la famille
SAINT-ARTHUR

Déjà parus :

TOME 2

mame

Les folles AVENTURES de la famille SAINT-ARTHUR

Déjà parus :

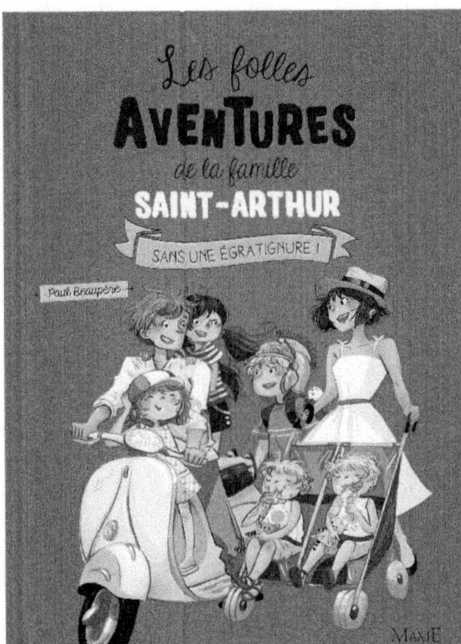

TOME 3

mame

Les folles AVENTURES de la famille SAINT-ARTHUR

Déjà parus :

TOME 4

mame

Les folles
AVENTURES
de la famille
SAINT-ARTHUR

Déjà parus :

TOME 5

mame

Les folles AVENTURES de la famille SAINT-ARTHUR

Déjà parus :

TOME 6

mame

Les folles

AVENTURES

de la famille

SAINT-ARTHUR

Déjà parus :

TOME 7

mame

IMPRIM'VERT®

Achevé d'imprimer en décembre 2018 par Laballery en France
N° d'édition : 19016-04
Dépôt légal : octobre 2015
Ce livre a été imprimé sur du papier issu de forêts exploitées en gestion durable
et avec des encres végétales respectueuses de l'environnement.
Numéro d'impression : 810389